U0693119

生墨 编著

超级学习力

成为有价值的知识变现者

吉林文史出版社
JILINWENSHICHUBANSHE

你的学习方法可以得几分

可喜可贺，翻开这一页的时候，你已经迈出成为天才的第一步！

没错，千真万确，你就是"天才"！

本书的主旨就是教会你如何开发你的天赋，挖掘你的潜能！是的，你绝对可以像天才一样学习，取得天才能够取得的成绩。

或许你也有这样的经历：你尝试了各种学习方法，它们艰难、枯燥、乏味，而且毫无效果，学习非但没有进步，反而比以前更差了。

有的学习方法可以彻底地改变你的学习状态，甚至可以提高你的智力水平！

研究表明：像木头一样无休止地坐着看电视，智商就会降低。这说明智商会发生变化。事物总有两面性，既然智商可以倒退，那它也一定可以向积极的方向发展。

所以，请你相信，成为优等生，成为"天才"都不仅仅是梦，你需要好的学习方法。本书精心准备了最有效的50个学习方法送给你！

首先，我们会帮你自测你目前的学习方法是否正确——你的学习方法可以得几分。

一、五分钟自测学习方法

下面是10个问题，你实际上是怎么做的、怎么想的，就怎么回答。每个问题有3个可供选择的答案：是、不一定、否。请把相应的答案写在题目后面。

1. 学习除了书本还是书本吗？

2. 你对书本的观点、内容从来不加怀疑和批评吗？

3. 除了童话等一些有趣的书外，你对其他书根本不看吗？

4. 你读书从来不做任何笔记吗？

5. 除了学会运用数学公式定理，你还知道它们是如何推导的吗？

6. 你认为课堂上的基础知识没啥好学，只有看高深的大厚书才过瘾吗？

7. 你经常使用字典吗？

8. 上课或自己学习的时候你都能聚精会神吗？

9. 你能够见缝插针，利用点滴时间学习吗？

10. 你常找同学争论学习上的问题吗？

答案与说明：

第1、2、3、4、6题回答"否"表示正确，其他问题回答"是"表示正确。正确的给10分，错误的不给分，回答"不一定"的题目都给 5 分，最后计算总分。

总分 85 分以上：学习方法很好。

总分 65 ～ 80 分：学习方法较好。

总分 45 ～ 60 分：学习方法一般。

总分 40 分以下：学习方法较差。

二、学习方法不当的表现

那么，学习方法较差的人在学习中有些什么表现呢？通常来说，有以下一种或几种：

1. 学习无计划

"凡事预则立，不预则废。"学习计划是实现学习目标的保证。但有些人对自己的学习毫无计划，整天忙于被动应付作业和考试，缺乏主动的安排。因此，他们看什么、做什么、学什么都心中无数。他们总是考虑"老师要我做什么"而不是"我要做什么"。

2. 不会科学利用时间

时间对每个人都是公平的。有的人能在有限的时间内，把自己的学习、生活安排得从从容容，而有的人虽然忙忙碌碌，经常补习，甚至依靠家教辅导，但忙不到点子上，实际效果不佳。有的人不善于挤时间，他们经常抱怨："每天上课、回家、吃饭、做作业、睡觉，哪还有多余的时间供自己安排？"还有的人平时松松垮垮，临到考试手忙脚乱。这些现象都是不会科学利用时间的反映。

3. 不求甚解，死记硬背

死记硬背指不加思索地重复，多次重复直到大脑中留下印象为止。它不需要理解，不讲究记忆方法和技巧，是最低形式的学习。它常常使记忆内容相互混淆，而且不能长久记忆。当学习内容没有条理，或我们不愿意花时间去分析学习内容的条理和意义时，往往会采用死记硬背的方法。依赖这种方法的人会说："谢天谢地，考试总算结束了。现在我可以把那些东西忘得一干二净了。"

4. 不能形成知识结构

知识结构是知识在人头脑中的反映，也就是指知识经过人输入、加工、储存过程在头脑中形成的有序的状态。知识结构在学习中是很重要的，如果没有合理的知识结构，再多的知识也只能成为一盘散沙，无法发挥出它们应有的功效。有的人单元测验成绩很好，可一到综合考试就不行了，其原因也往往在于他们没有掌握知识间的联系，没有形成相应的知识结构。因为他们对所学内容与学科之间，对各章节之间不及时总结、归纳、整理，致使知识基本上处于"游离状态"。这种零散的知识很容易遗忘，也很容易张冠李戴。

5. 不会听课

这主要表现在：课前不预习，对上课内容完全陌生，无法带着疑问去学，听课时开小差、不记笔记，或充当录音机的角色，把老师所讲的一字不漏地记录下来；只让自己的记录与老师的讲述保持同步，而不让自己的思路与老师保持同步；课后不及时复习，听完课就万事大吉，等等。

6. 不会阅读

这主要表现在：不善于选择阅读书目，完全凭个人兴趣或完全听从老师父母的安排；没有阅读重点，处理不好"博"与"精"的关系，要么广种薄收，要么精读于一而漏万；阅读速度慢，不会快速阅读，也不会略读，任何情况下都逐字逐句；不善于带着问题去读，阅读之后没有什么收获。

7. 抓不住重点和难点

学习方法不当的人，在看书和听课时，不善于寻找重点和难点，找不到学习上的突破口，眉毛胡子一把抓，全面出击，结果分散和浪费了时间与精力。

8. 理论与实际脱离

理论知识与实际操作相结合是非常重要而有效的学习方法，所谓"学而必习，习又必行"。而方法不当的人往往只满足于学习书本上的知识，不善于在实践中学习、在实践中运用，不能用所学知识解决实际问题。表现为动手能力差，不关心现实生活，"两耳不闻窗外事，一心只读圣贤书"。

9. 不善于科学用脑

这主要表现在：学习时不注意劳逸结合，不善于转移大脑兴奋中心，使大脑终日昏昏沉沉，影响学习效率。

三、学习方法不当的成因

为什么有的人没有正确的学习方法呢？这是受多方面因素影响的。当然，一个人的智力水平会对方法的形成有影响，但就现在来说，人的智力水平差异都不太大，因此，它对方法形成的影响是有限的。学习方法不当主要还是因为一些非智力因素，比如以下的几点：

1. 对学习方法的重要性认识不足

不少人在方法上听其自然，看不到科学学习方法的作用和意义，没有尝到正确方法所带来的甜头，以为磨刀误了砍柴工，因而不愿意花时间和精力去认真研究和掌握先进的学习方法。

2. 对学习特点认识不足

学习方法具有适应性，其中一个方面就是要适应各阶段、各学科的学习特点。这就需要我们对目前的学习有明确的认识，在此基础上，才能形成科学的方法。有的人说："第一学期，我的成绩挺好。可第二学期，就感到学习很吃力，成绩上不去，心中很着急，该怎么办呢？"这其中一个很大的原因在于学习方法没有及时调整。还有的人发愁："我其他成绩都不错，可为什么就学不好外语呢？"原因也可能在于他没有认识到外语学习的特点。

3. 对自身的状况和条件认识不足

学习方法除要适应学习特点外，还要适应个体特征。如果你对自身的状况和条件认识不足的话，则很可能造成方法不当，因为正确的方法首先是适合自己的方法。对自身认识不足主要包括两个方面：一是对自己目前的学习状况没有客观、清醒的认识。有的人因为成绩不太好而妄自菲薄、过于谦卑，认为自己一无所长、无可救药；也有的人因为学习良好而目中无人、自以为是，看不到自己的缺点和不足。这些不客观的认识会使人在运用学习方法的时候发生失误。二是对自己的个性特征认识不清。如果对自己的个性特征认识不清，在学习方法上就很有可能盲目模仿别人，强己所难，身心俱疲。所以，可以说，认识自己是掌握科学学习方法的前提。每个人的能力、气质、性格、身体状况都有不同，世界上没有两片完全相同的树叶，更没有两个相同的个性。科学的学习方法必须是适合自己的个性特征的，别人的方法仅是参考而已。从这个意义上说，有多少个学习成功的人就有多少种成功学习的方法。有的人喜欢待在空旷的大房间里看书，有的人喜欢缩在狭小的房间里看书，而有的人喜欢躺在草地上看书，只要学习效果好，这些方式本身都无可厚非。

4. 学习动机缺乏

动机缺乏的人没有学习动力，缺乏学习热情，把学习看成是一件苦差事，在学习中没有目标，得过且过，其学习行为完全是一种被动的应付。表现在方法上，必然会死记硬背、投机取巧、没有计划，一个丧失学习动机的人，必然丧失深究学习方法的兴趣。因此，那些在学习中无精打采、大叫"没劲"的人，十有八九方法不当。

5. 意志薄弱

掌握和运用科学的学习方法时，需要一定的自制力。特别是纠正一些不良的、已经形成习惯的学习方法，更需要毅力和恒心。有的人有掌握科学方法的愿望，但在使用的过程中因意志薄弱而半途而废，造成有目标无结果，有计划无行动的结果。在学习上跟着感觉走，自然要省力得多，但学习效果也会糟糕得多。

6. 缺乏指导与训练

绝大多数人没有接受过专门的、系统的学习方法的指导与训练，对什么是科学的学习方法缺乏明确的认识，在学习中也不能自觉地加以运用。即使有的人掌握了一些有效的学习方法，也大都是走了很多弯路之后形成的，并且是零散的。科学的、系统的学习方法很难在学习中自然而然地形成，应该接受专门的指导与训练。因此，我们应该多阅读有关学习方法的书，积极主动地建立自己的学习方法。

好！了解了以上关于学习方法的基本内容后，我们进行下一环节的内容，学习最高效的 50 个学习方法，祝你成功！

目 录

CONTENTS

第一章　从心开始学习

第二章　枯燥内容有亮点

第三章　课堂内外要领多

第四章　良好习惯天天见

第八章 考试宝典——快乐考试进行曲

附录 九大学科提高学习效率的方法 ············230

第一章
从心开始学习

首先要有学习动机

生命的开始就是学习的开始。学习是我们一生都在做的事情，周恩来总理曾说过："要活到老学到老。"学习如同阳光，从出生伊始，洒满我们的一生，也温暖了我们的一生。

小时候，我们学习怎样走路、怎样拿筷子、怎样穿衣服、怎样说话，逐渐地学会了我们的母语，学会了怎样学习，学会了怎样辨别，也学会了怎样进步。这一切，都是因为我们内心有渴望学习的动机。

学习动机是直接推动我们进行学习的一种内部力量，它表现为学习的意向、愿望或兴趣等形式，它能推动我们从"要我学"变为"我要学"。心理学家告诉我们：一个人的学习成绩主要受两方面因素的影响——智力和动机，用公式表示即是：学习成绩 = 智力 × 动机。

心理学家曾经做过这样一个有趣的动物实验：让猿猴解决用竹竿取食物的问题。当猿猴挨饿不到 6 小时，猿猴用竹竿取食物的注意力不集中，并且常常因为其他干扰而中断动作，不能获得成功。而当猿猴真正感到饿了的时候，由于饥饿的推动作用，它在用竹竿获取食物时注意力集中，行为灵活，从而迅速获得成功。这个实验启示我们：任何学习行为都是由学习动机直接引发的。动机强烈时，学习热情高、干劲足；动机不强时，学习情绪低落，自暴自弃。

学习动机不仅引发学习行为，它还指导行为的方向。比如，你想当作家，那你的学习活动就会朝着这一方向进行。你会大量阅读中外著作，研究其写作方法与技巧；一般人看电影、电视只作为娱乐，而你却在研究其题材布局、语言运用以及形象塑造等；你还经常练笔、投稿，等等。总之，你的一切活动都沿着作家之路进行。

你还在厌恶学习吗？还不喜欢学习吗？那就给厌学开个药方，从现在开始培养和激发你的学习动机。伟大的文学家高尔基说："一个人追求的目标越高，他的才力就发展得越快，对社会就越有益。"因此，你要给自己确立一个学习的目标，你就会为追随理想和目标而学习和生活，也就会产生强大的精神力量。你要相信：学习随着志向走，成功伴着行动走。反之，如果不立志，人则如无舵之舟，终不能成功。只有知识才可以翩翩走进我们的一生，永远陪伴我们，陪我们走过花季雨季，每一步都是丰盈的、有力的。

为了一个大写的"人"字，为了明天的成功，一切的努力都是值得的。所以，人生可以忘记很多事情，但不要忘记一件事——热爱学习，你会成功。

小天才的秘密

小然是一位学习成绩很优秀的同学，大家都叫他小天才。谈到学习成功的经验时，他开心地告诉大家——"我成功，因为我有兴趣、有乐趣！"

以下是小然的自述：

每当我为自己某方面的成功而深感自豪的时候，我总是会用同一句话来作为成功的理由——"因为我喜欢"。

在我看来，每一个举动，每一个目标都会同时摆在一起，用同一个准线来衡量它的轻重，那就是我喜不喜欢。

喜欢对我来说是非常重要的。如果我喜欢做一件事，那么在干这件事之前我就已经为它陶醉了，它的一切都开始变得近乎完美，而我也已经确信这件事值得自己全力以赴地投入其中。我想：对于一件自己完全不感兴趣的事，谁能够以最佳心态去完成呢？如果心态不好，谁又能保证它的质量呢？

然而，学习中总会有我们必须去完成的事情，这由不得你用兴趣来衡量。它们总是那么陌生地摆在我面前，而那时我认为自己首先应该做的就是尝试着去培养自己的兴趣。

每件事都会有它好的一面，如果你不了解，那么你就会丧失兴趣；每件事也都会有它不好的一面，如果这一面在你的脑海里先入为主的话，那么你也会丧失兴趣，这就太可怕了。而我的办法呢，就是引导自己往美好的一方面看，先培养了对它的兴趣，再试着包容它的缺点。如果你能够积极主动地去接受，那么结果总会比你最初设想的要好。

说了这么多，不知你察觉出来没有？其实我就是在谈学习，在谈我是怎么学习的，无论哪科。因为我的理念就是：对你喜欢的科目，保持兴趣；对你不喜欢的科目，培养兴趣。让自己在学习的时候总是停留在一个兴奋的状态，我想你离成功就会很近了。

一位学习成绩优秀的"状元"小飞谈到她的学习方法，她说：

说起学习方法，我认为这纯属个人体会，每个人的行为方式、性格、生活环境等都不相同，如果把别人的学习方法强加于你，就像给你穿了件不合身的衣服，相信任何人都不会愿意。结合自己的情况，制订适合自己生活方式以及个人喜好的学习方法，才是我们每个人要去总结、提炼的。

学习是一种乐趣，我一直这样认为，因此我在学习的时候非常快乐，非常投入。也许在外人看来我并不是非常刻苦努力，可是当我全身心投入时我能体会到一种快乐，一种发自内心的动力。

也许别人认为学习是种负担，在老师、家长的监督下，每天要做大量的习题，这样会产生逆反情绪、厌学情绪，这样很难再对学习产生兴趣。正确的引导在教育中起着重要的作用，而强迫则会产生逆反情绪。不应再像对小孩子一样对待我们，正确的引导在我们这个成长阶段最重要。

一切能使你产生兴趣的事情都是在没有心理压力的情况下主动接受的，这样才能使人产生一种轻松、一种易接受的心理。而逆反心理则是每个人都有的，只不过体现的方面及形式不同罢了。培养兴趣，而不是强加，这样对学习才能产生乐趣。其实求知的乐趣是很美妙的。

当你全身心投入，不顾身边的干扰时，你会对你所做的感到快乐，并会主动地向好的方面发展。试想想：当你全心关注场上的篮球赛；当你紧闭双眸，双手飞跃在琴键上；当你脑海中畅想美景，并使它跃然纸上的时候……相信大家都会有投入之时，那种感觉都能体会到。其实学习也是相同的，当你投入一道题，笔在纸上飞跃，当你沉醉于一首诗，脑中浮想联翩时……你难道不认为学习也是一种乐趣吗？

也许光凭我这么说，你并不会体会到，心动不如行动，放下手中的事，全身心投入学习当中，不由得会使你感受其中的快乐。

试一试，和我一起分享这种快乐。

再听听语文学习"大王"小秋的经验之谈：

要想学好语文，第一位的就是兴趣。兴趣从哪里来呢？从你捧着一本小说津津有味地阅读中，从你看一场催人泪下的电影中，从你跟好朋友轻松愉快的闲聊中，从你奋笔疾书写下你对某事的感想中，你的兴趣就会不时地探出头来。

兴趣是最好的老师。时而沉浸在东坡居士的"一蓑烟雨"，时而陶醉在朱自清的"荷塘月色"，我用先贤的诗文叩开了语文的门扉，培养起浓厚的兴趣。正是这种兴趣，奠定了我今后语文学习的基础，指引着我孜孜追求。

曾经有位老师评价我的语文学习是一门"童子功"，其实是有些夸张了。不过，我倒是觉得平日的积累是语文学习的关键。这种积累有具体与抽象之分，具体就是指"读书破万卷，下笔如有神"，书读得充分、仔细，文字功底就会比较扎实，同时理解力也会不断增强，这对于语文的基础知识和阅读水平的提高是很有作用的。抽象便是精神的积累。古人曰"人杰地灵""钟灵毓秀"，时常做一些旅行，游览名山大川，会有看不到的益处。因为你面对西子湖的陶然，面对庐山瀑布的浩渺，面对沧海的开阔，面对大明宫遗址的叹惋，都会不知不觉地融入灵魂，升华思想境界，这就是"读万卷书，行万里路"的意义了。

兴趣是最好的老师。它或幻化为流涌的灵感，或喷射成无边的激情，或积蕴做持久不懈的跋涉。对于语文的学习，我就有着这样一种自发的情感与喜爱。

还有数学高手林小波有话要说：

"兴趣是学习过程中必不可少的调节剂，往往是浓厚的学习兴趣在激发着我们，使我们对某些学科投入更多精力，潜心钻研，并减弱或消除学习中其他一些不利因素的困扰。"

然而，兴趣并不是凭空产生的。我认为：兴趣来源于自信。在经历了成功之后，你必然会增添自信，从而使自己具备了进一步提高的条件，自然也就会愿意尝试更深入的学习思考。在不知不觉之中，你就已经对该学科或该领域产生了兴趣。

如何建立学科自信呢？自己的优势就是自信的资本，你要做的就是挖掘或积累自己的资本。

以数学学习为例，谈谈我的方法。数学属于理科，理科学习的特点就是勤加练习。当有一些新定律、新名词、新知识一股脑儿摆在你面前时，谁也不可能轻车熟路，对问题解答如流。我的习惯是提前预习新知识，这样在课上就可以对那些别人感到陌生的内容不陌生，也就在新知识学习的起点上便先发制人，具备了优势。如果有精力，最好在预习之后进行一些练习。我认为：新知识只有在练习中才能逐渐被深入理解、掌握，在定理、公理字面下蕴含的内容往往是在练习过程中逐渐呈现出来的。

在学习中比别人早走一步，便会具有优势。建立起自信，培养起兴趣，也就一定会学好该门课程。

以上那么多的学习高手不吝告诉我们的，是真的吗？他们果然是以"兴趣"为武器，在学习的道路上攻无不克、战无不胜的吗？

的确，兴趣是一种动力，是人生存在和发展的内在的重要的动力。它既有"引起"的动力作用，又有"维持"的动力作用。"兴趣出勤奋，勤奋出天才"这是我国著名的文学家、史学家、思想家郭沫若先生对兴趣做出的科学论断。可见，兴趣是一种高尚的情操，是你成功地打开科学大门的金钥匙。

兴趣是一个人认识世界、渴望获得知识和不断探求真理而带有的情绪色彩的意向活动，它是人的认识需要的心理表现。实践证明：学习兴趣是学习动机中最现实、最活跃的成分，它使人对某些事物优先给予注意，并使人带有一种积极的情绪色彩。浓厚的兴趣，强烈的求知欲望，是学生获得学习成功的关键因素之一。古今中外大凡在某方面做出成绩的人，除勤奋、毅力和勇于创新的精神外，还有一个内在的共同点，就是对某种事物有浓厚的"兴趣"。

兴趣的产生是十分微妙的，通常的解释多是环境影响、家庭的熏陶，但更多人的兴趣似乎是自发的。同一父母养育的几个子女，环境和受教育程度相同，但爱好却大不一样，这种例子在生活中比比皆是。更值得注意的是有的人客观上缺乏成才的良好环境，但凭着毅力和兴趣竟然成为享有盛名的伟人。如2岁丧母，9岁丧父的托尔斯泰；7岁母亲去世，被父亲送到牧师家寄养的司汤达；自幼以棺材当床，生活艰难的安徒生；童年时父母相继亡故的但丁……以前过多宣传困境可以出天才，但正如一些有识之士所反驳的那样，倘若条件更好些，"顺境"同样可以出天才，而且应该出更多的天才。因为良好的教育条件和生活条件容许人们更专心地从事自己的工作和事业。

在7岁的小孩头上是不适宜加上太多牵强的词语的，唯一的解释乃是：兴趣。学生的心理能否充分发展，智力是否进一步开发都是以兴趣的广泛与深度为前提的。兴趣是一种积极的学习情感，它是发展人的智力的重要心理条件，它影响着一个人的学习效率。只有当学生对所学的知识产生了浓厚的兴趣和热爱的情感时，他的学习积极性才会进入最高的阶段，达到最佳的学习状态，学习成功才有可能。

为乐趣，我愿意

知道了兴趣的巨大魅力，我们就不难理解达尔文一生中许多时间甘愿在荒岛、密林中采集生物标本；兴趣，可以使舍勒去尝氢氰酸；可以使罗蒙诺索夫以白干40天活的代价换一本《算术》书；兴趣，可以使列文虎克为发明显微镜而从早到晚磨玻璃片，足足磨了10年……还是当代最伟大的物理学家爱因斯坦讲得好："对一切来说，只有'热爱'才是最好的教师，它远远超过责任感。"

学习要有成效，就需要有浓厚的学习兴趣。兴趣是学习的内驱动力，有了这个动力，就会产生强烈的求知欲望，就会有克服困难一往无前的精神。难怪诺贝尔奖获得者物理学家杨振宁先生这样说："成功的真正秘诀是兴趣。"生物学家达尔文就是有力的一个明证，他在自传中曾这样说："就我在学校时期的性格来说，其中对我后来发生影响的，就是我有了强烈而多样的兴趣，沉溺于自己感兴趣的东西，深入了解任何复杂的问题和事物。"

而且，兴趣是完全可以激发和培养的，一句不经意的表扬，一道题的成功解答，一次偶然的经历，都可能激发你对一门学科的浓厚兴趣。

重要的是在还没有培养出足够的兴趣前，不能没信心，更不能先放弃！

要培养浓厚的兴趣，沉溺于学习各科知识的兴趣之中，有两大秘诀：

秘诀之一，是放下沉重的思想包袱。求知本身就是一种极大的乐趣，不管哪一学科，只要步入其中，就会有所发现，令你赞叹，令你惊奇。

秘诀之二，是运用知识，形成能力，把知识变成力量。学习知识，贵在运用。把知识运用于实际，解决实际问题，比如在阅读课上学到的写作知识，要运用到自己的写作中，绝非易事，要动脑筋反复琢磨，反复实践，才会见到成效。

像作品中的人物出场问题，《纪念刘和珍君》是让人物在概述中出现，《故乡》中的杨二嫂在语言上十分精彩。你要把这些知识用于写作，动脑筋就趣味无穷。

名人也曾比你差

告诉你一个小秘密：有些名人在学校时，一开始并不是学习成绩特别优秀的高手，甚至有人在学生时代还挺笨的——

1. 他曾经倒数第一

在某学校的一个班里，其中有两名学生，他们的成绩都很差，是全班倒数第一、第二名。过了20多年，他们居然在某处又会面了。他们是谁？原来他们一个是维也纳国立歌剧院的院长威尔姆·罗林克，另一个是著名的化学家李比希。

李比希在高中学习期间，有一天校长到他的班级里，看到他不爱学习的样子，就谆谆教导他说："你总是这样的成绩，对你的父母也是一种不孝啊！你应该在学习上加把劲，做一个有出息的人。"接着又问他："你将来究竟打算干什么？"没想到，李比希理直气壮地回答说："我想当一名化学家。"他的话音刚落，校长还没来得及说话，全班的学生顿时大笑起来。由于他的成绩非常糟糕，李比希的父亲后来不得不让他退学，到一个药剂师手下当学徒。他在那里干了不到十个月，又因为"没有什么用处"被解雇了。

2. 他曾经全校最差

英国文豪司各特成名后去访问他的母校。听说文豪司各特要来，全校一阵轰动，教师特意准备了一堂课让他观摩指导。但司各特对这些并不喜欢，而是问陪同他的老师："你们全校学习最差的是哪一位学生？"老师们感到很难为情，不得不把一个学生拉到他面前说："他是全校最差的一个。"

那个学生也被臊得面红耳赤，不敢抬头。司各特抚摸着那个学生的头，和蔼地说："你是全校最差的学生吗？你真是一个好孩子，感谢你牢牢把住了我过去的座位。"说完就从口袋里掏出一枚金币赠给了他。

司各特之所以对这位差等生如此关注，是因为他过去在这所学校学习时，也是个差等生，学习成绩倒数第一。

3. 曾经不懂诗的诗人

德国诗人海涅在学校里是一个人尽皆知的差生，他讨厌课程，反对服从。正如他所叙述的那样，上德语课时，常被搞得晕头转向，其他课程则更为糟糕。

后来他虽然能写出举世闻名的好诗，但在学生时期却弄不懂诗的韵律，他的老师常常痛苦地说："你是一个从山沟来的野蛮人，对于诗一窍不通。"他进入大学后成绩依旧糟糕。

4. 名人的过去并不成功

美国散文作家、诗人爱默生也从未得过一次好成绩。他在中学学习时，成绩不好的消息传到小学校长的耳朵里，这位校长惦记他，常常到中学找他谈话，鼓励他好好学习，特别是在数学上要努力。然而，校长语重心长的鼓励也不起作用，他仍然是一个劣等生。

哲学家黑格尔学习成绩不好，在杜平根大学发给他的毕业证书上有这样一句话："此学生成绩中等，不擅长哲学。"

发现铀的皮埃尔·居里，在校成绩很差，经常被人们称为"笨蛋"。父亲很担心他，曾让他暂时退学，聘请家庭教师帮助他。

达尔文在学校时，成绩也是很差的。他在中学时，由于学习不努力，成绩不好，多次遭到校长的训斥。他在日记里写道："不仅老师，连家长都认为我是一个平庸无奇的儿童，智力也比一般人低下。有时，父亲对我说：'你不爱学习，整天就爱玩，将来你一定会给达尔文家丢脸的。'我听了大失所望，不知怎么，总是学不好外语，最后居然一门外语也没学成。"

另外，像爱因斯坦、牛顿、拿破仑，在学校都是成绩很糟糕的学生，被老师定位为"最没有出息的学生"。但是，尽管他们是劣等生，却并不影响他们成为伟大人物，他们都取得了举世瞩目的成就，甚至改变了历史的进程。

所以，没有任何一种单一的测试（包括权威的评价）能够衡量或预测一个人的智力水平和成功的概率。每个人都是独一无二、禀赋各异的个体，即使出生就有身体障碍的人，也会有特殊的才能及天赋。甚至你会发现最使你感到挫折的事，其实就是你最大的优点和才能。

只要有机会和恰当的方法，每个人都能够表现出自己的聪明才智，每个人都能够取得成功，就看你以何种方式点燃自己智慧的亮点。就像外行人难以看出一堆貌不惊人的石头有何特别之处，但眼光独到的珠宝商人一眼就能看出其中藏着价值百万的珠宝。我们要像珠宝商人认识他们的宝石一样了解我们自己。

大声说我能行，一定行

许多名人的学习成绩曾经比你差，那他们后来是怎么成功的呢？

原因在于他们学习成绩差的时候，仍然相信自己，不放弃自己，始终自信，直到成功！

在现实生活中，一帆风顺的时候并不多，倒常常是困境比顺境多，失败比成功多，因此只有自信的人才能在成功的道路上大步前进。常有学生说，自己平时学习成绩很优秀，可一到考试就紧张，因此感到非常沮丧，他们问："我真的不行了吗？我该怎么办？"其实，不是这些学生不行了，而是他们缺少足够的自信对待挫折和失败。

爱迪生说，自信是成功的第一秘诀。自信心的树立，不在于和别人比较，而是把自己的今天和昨天去比。

著名科学家爱因斯坦上小学的时候，有一次上完劳作课，同学们都交了自己的作品，只有爱因斯坦没交，第二天，他才送来一只做得很粗陋的小板凳。老师很不满意地说："我想，世界上不会有比这更糟糕的小板凳了。"爱因斯坦回答："有的。"他不慌不忙地从课桌下面拿出两只小板凳，举起左手的小板凳说："这是我第一次做的。"又举起右手的小板凳说："这是我第二次做的……刚才交的是我第三次做的。虽然不能使人满意，但总比这两只强一些。"爱因斯坦的自信就是在和自己的比较中树立起来的。

爱因斯坦用行动证明他是真正自信的人。

丘吉尔也是依靠自信的激励走向成功的。

丘吉尔出生在爱尔兰，7岁时入学读书，直到中学毕业，他的学习成绩一直不好，老师认为他低能、迟钝，长大以后不会有太大的出息，但丘吉尔却对自己充满了信心。

后来，他被任命为英国首相，率领英国人民参加伟大的反法西斯战争，丘吉尔在就职时发表了充满自信的演讲："我没有别的，只有热血、辛劳、眼泪和汗水贡献给你们。"

只有先相信自己，别人才能相信你。戴高乐、丘吉尔正是凭着自信才赢得了全国人民的信任，带领处于弱势的国家赢得了反法西斯战争的伟大胜利。

"你需要推销的首先是你的自信。你越是自信，就越能表现出自信的品质。"

那么，怎样培养自信心呢？

1. 看到自己的长处

美国罗斯福总统的夫人埃利诺说："除非你同意，否则没有人让你自卑。""尺有所短，寸有所长"，要客观地进行自我分析，充分地认识自己的能力、素质和心理特点。找出自己的长处和短处，以己之长，比人之短，激发自己的自信心。

马克思发现自己并不是缪斯的宠儿时，毅然与诗神告别，焚毁了自己的诗稿。当时，马克思感慨地说："看了最近写的这些诗，突然像被魔杖打了一下似的……一个真正的诗歌王国像遥远的仙宫一样在我面前闪现了一下，而我所创造的一切全部化为灰烬了。"于是，马克思转向研究社会科学，最终同恩格斯一道创立了"马克思主义学说"，为人类开辟了认识真理的新纪元，做出了跨时代的巨大贡献。

拿破仑小时候很愚笨，学习成绩非常差。他在小学和中学的时候，成绩常常是班级后几名，只有数学比较好。据说他终生不能用任何一种外语准确地说或写。更有趣的是，在滑铁卢打败拿破仑的威灵顿公爵，小时候也是一名被称为"笨蛋"的孩子。在学校时，他的学习成绩很糟，甚至连他的母亲也说他是一个"笨蛋"。但是他们都有身体健壮，痴迷军事的优点，如果让他们从事科学研究，可能一事无成，可他们却成为伟大的军事家。

一旦你正确地了解了自己，自信的太阳就会在你心中升起，你就会发现：在自信的阳光下，没有什么是你做不了的。

2. 坚定"我能行"的信念

台湾有位大学教授在演讲时提出了这样一个问题："各位，对自己充满信心的请举手！"结果，举手的不到 10%。许多时候，因为不自信，本来能做的事情也做不了，更不敢勇敢去尝试、挑战。相信自己行，就没有克服不了的困难。有一位名叫丽娜的演员去好莱坞应聘一部电影的女主角，很多影星也来应聘。她站在著名的导演面前，论长相她长得实在普通，论才华一时也看不出来。导演问她："你凭什么来应聘主角？"

"凭我的自信。"丽娜回答得非常干脆利索。

导演吃了一惊："自信？你能向我们当场表演你的自信吗？"

"没有问题。"她向导演鞠躬后，一转身，她大步走到门口，把门推开，外面坐满了面试后等待结果的人，她放开嗓门大声地对她们说："各位，你们都回去吧，结果已经出来了，我已经被导演录取了。"事实正是如此，名导演录取了她。

美国有一个叫蒂尼·博格斯的篮球明星。他的身高仅 1.60 米，是 NBA 中最矮的球员。他从小就喜欢篮球，可是因为个子不高，伙伴们都不喜欢他。有一天他伤心地问妈妈："妈妈，我还能长高吗？"他妈妈鼓励他说："孩子，你能长高，长得很高很高，成为人人都知道的大明星。"从此，博格斯心中充满了长高的信念。

"业余球员"的生涯即将结束，他面临着严峻的考验：只有 1.60 米的身高，能打好职业篮球吗？博格斯很自信，他说："别人说我矮，反而成了我的动力。我偏要证明矮个子也能做大事。"于是在各个赛场上，人们看到博格斯简直就像个"滚地虎"，从下方来的球 90% 都被他收走了。他个子越矮，越是能飞速地运球过人。

博格斯始终牢记母亲鼓励他的话，虽然他没有长得很高很高，但他已经成为人人都知道的大球星了。

博格斯告诉人们的是："要相信自己。只有相信自己，才能成功。"

俄罗斯有一句古老的谚语："把你的帽子扔进围墙里。"意思是说，当你想翻过一堵很难攀越的围墙时，就把帽子先扔过去，这样你就会想尽办法翻越围墙，一定要把帽子拿回来。人往往就是这样，自信不够的时候，总是给自己一条后退的路，一个逃避的借口。正因为如此，我们常常错过了许多可以"跨越栅栏"的机会。而"把帽子扔过去",就斩断了那似有似无的退路和借口,你只能用自信来鼓励自己,去"背水一战"。

所以,你要每天都大声对自己说:"我能行,一定行!"不论成绩好不好时,都对自己说:"我能行,一定行!"

3. 在尝试中体验"我能行"

有一个寓言故事:两只青蛙在觅食中,不小心掉进了路边的牛奶罐,罐里的牛奶足以使青蛙遭遇灭顶之灾。一只青蛙想:"完了,全完了,牛奶罐这么高啊,我永远爬不出去了。"正如它想的那样,它很快就沉了下去。

另一只青蛙看见同伴沉没在牛奶中,并没有沮丧,而是不断对自己说:"上帝给了我坚强的意志和发达的肌肉,我一定能跳出去。"它每时每刻都鼓起勇气,一次又一次奋起、跳跃——在每一次的搏击和奋斗中展示着生命的力量。

不知过了多久,它突然发现脚下黏稠的牛奶变得坚实起来。原来,它反复的践踏和跳动,已经把液状的牛奶变成了奶酪!不懈的奋斗和抗争终于赢来了胜利。它轻盈地跳出牛奶罐,回到池塘,而那只沉没的青蛙却留在了奶酪里。

现在你明白了吧?失败并不可怕,失败只是一个过程,而不是结果;只是一个阶段,而非全部。正在经历的失败,恰是在为成功积累经验。

4. 再坚持一下就能成功

认为"我能行"的人,遇到困难时想的是再坚持一下,而认为"我不能"的人处在相同的困境中时,想到的是"算了,我做不到"。

"再坚持一下"，就是"我能行"和"我不能"的分水岭。毛泽东主席说过："成功往往在于再坚持一下的努力之中。"

在百年不遇的印度洋大海啸中，15岁的女孩樱达是记者发现的印尼亚齐省第一个幸存者。洪水袭来时，她的父母和弟弟都被洪水卷走了，她紧紧地趴在茅草屋顶上顺水漂流，心中一直想着"再坚持一下"。一天以后，她被冲到了100公里处的海滩上，在海边的森林里待了一夜。有一条手臂粗的大蟒蛇始终围在樱达身边，不但没有伤害她，还保护她免受其他猛兽侵扰。第二天，樱达发现海边有船驶过，船员救了她。樱达能在失去亲人时，独自坚持那么久，并和一条大蟒蛇安然相处，创造了生命的奇迹，从死神手中赢得了胜利，正是因为心中的"再坚持一下"信念。

"我能行"的人，正是那些遇到困难时能"再坚持一下"的人。

开始制定计划吧

假如一个火车司机根本不知道自己的目的地，结果会怎样？假如一个战士不知道自己的作战目标和敌人，结果又会怎么样？其实，每个人的一生就像是一段行程，也是一种战斗。我们必须要确定一个目标，然后才会为它而努力，制定详细的学习计划。

因为目标是制定学习计划的前提，因此，目标一定要符合自己的实际情况。如果你的目标出现偏差，之后也许不会进行得很顺利。在确立目标时，要注意避开很容易出现的误区：

1. 目标求大而空

的确，拥有远大的目标对于成功来说，是必不可少的第一步。"远大的目标"加上"过人的勤奋"曾经是很多人的成功模式，但是我们这里要说的"此"目标非"彼"目标。作为制定学习计划标牌的目标要越切实越好，如果由于一时的冲动而制定了某些大而不当、难以实现的目标，结果很可能以失败而告终。

学习目标的制定要符合实际。目标过高，难以企及，天长日久，丧失信心；目标太低，缺乏动力，长此以往，停滞不前。只有有了切合实际的目标，为自己定好位，才能为以后的学习创造一个好的开始。

2. 盲目与他人竞争

我们经常听到有些家长对自己的孩子这样说，下次考试争取超过某某某。有些教室里有一道永恒不变的风景线，就是某个醒目的地方张贴的成绩排名表，内容详细到从学校排名、班级排名、三大主科排名直至单科排名。那么，你曾对此做何感想呢？也许你会反感，并由于逆反心理导致消极怠工；但也许你会因此燃起斗志，并将努力在下一次考试中提高自己的名次。可是，无论哪种做法，其实都潜伏着一个消极作用：学习乐趣和求知欲的扼杀。

与他人竞争的精神是好的，只是不要忘记学习的本来目的。

读书乐趣和求知欲的丧失，这是多大的代价呢？一个人一生读书，就应该有一生的乐趣相伴随。一生的乐趣，这个代价还不大吗？

单单为了超过别人而学习，读书就变成了一个苦差事。而且，人外有人，天外有天。超过了同班同学，能够超过同校同学吗？超过了同校同学，那么同省的呢？

即使你有强烈的提高自己的欲望，在读书的过程中，也应该怀着一颗平常心，充分吸收和享受读书给人带来的多方面多层次的丰富益处，而不要只盯着名次、分数。这样，读书本身变成了快乐的事，而不只是在经过漫长而痛苦的读书过程达到目的之后，人才快乐。

一位名人说得好："生命的要务不是超越他人，而是超越自己。"制定学习目标，是对自身的学习状态的整体把握，这时心态是非常重要的，盲目竞争是要不得的。

在确定你的目标时，千万不要陷入这样的"误区"。

目标确定后，就可以着手制定学习计划了。有些学生学习没有计划，脚踩西瓜皮，滑到哪里算到哪里，这是很不可取的。高尔基说："不知明天该做什么的人是不幸的。"有的学生认为，老师有教学计划，跟着老师走就行了，没必要自己再定计划，这种想法不对。老师的计划是针对所有学生的，每个学生还要针对自己的学习情况制定具体的个人学习计划，特别是放学以后的自学部分，更要有自己的计划。学习好和学习不好的差别当中有一条就是有没有学习计划。

制定学习计划时，我们要争取做到以下几点：

1. 分析自己的现状

你可以仔细回顾一下自己的学习情况，找出学习特点。各人的学习特点不一样：有的记忆力强，学过知识不易忘记；有的理解力好，老师说一遍就能听懂；有的动作快但经常错；有的动作慢却很仔细。如在数学学习中有的理解力强、应用题学习好；有的善于进行口算，算得比较快；有的记忆力好，公式定义记得比较牢；有的想象力丰富，善于在图形变换中找出规律，所以几何学习比较好……

你可以从自己的学习现状入手，列出下列表格：

首先让我们来列一个目前学习现状表。

目前各科学习成绩现状分析表

姓　名　　　　年级　班　　　　　　　年　月　日

课　程	平均成绩	优	良	中	差	原因分析
语　文						
数　学						
外　语						
总体水平	总分：					
	平均分：					

然后，再制定周学习计划表，如下：

第　周学习计划表

姓　名	年级　　班			年　月　日
星　期	一	二	三	四
学习的目的、任务				
完成情况	1. 完成（　） 2. 基本完成（　） 3. 未完成（　） 分析：			

怎么样？学会了吧！赶紧动手做吧！

2. 确定具体标准

例如，学习数学时要记住多少个方程式，做几道题。学习英语时要背会多少单词，同时也要确定"会"的程度如何。是会背，会读，还是会默写，这些都要有一个明确的标准，我们可不做一个不认真的"小马虎"啊！

3. 确定时间的安排

学习计划中一定要对各项任务的时间作具体安排。这里应注意时间安排紧凑、明确，劳逸结合，提高效率，不能单纯打疲劳战，做一个最会安排时间的好学生。另外，还要留有余地，以便根据情况的变化做出调整，不要把时间安排得太紧张，要符合"全面、合理、高效"的要求。

全面，就是在安排时间时，既要考虑学习，也要考虑休息和娱乐；既要考虑课内学习，还要考虑课外学习，还要考虑不同学科的时间搭配。

合理，就是要找出每天学习的最佳时间，如有的同学早晨头脑清醒，最适合于记忆和思考；有的则晚上学习效果更好，要在最佳时间里完成较重要的学习任务。此外注意文理交叉安排，如复习一会语文，就做几道算术题，然后再复习自然常识、外语等。

高效，是要根据事情的轻重缓急来安排时间。一般来说，把重要的或困难的学习任务放在前面来完成，因为这时候精力充沛、思维活跃，而把比较容易的放稍后去做。此外，较小的任务可以放在零星时间去完成，学会见缝插针。

在制定计划中，充分利用时间是非常重要的。如何充分利用时间呢？

（1）学会积累零碎的时间。

给自己算一笔账，如果每天积累20分钟，那么一年积累的时间是将会多么庞大。

如果利用每次积累的20分钟背10个单词，那么一年你积累的单词数就足以让你成为单词大王。

既然这样，你还会放过这些零碎的时间吗？

（2）给自己定一个合理的最后期限。

如果一个任务规定是一个月完成，我们通常会将拖到快一个月时再加紧来完成。如果一个任务没有期限，我们往往会更拖拉，直到有一天这个任务确定了完成的期限。

制定学习计划时，一定确定一个时间检验学习的效果，这样才会努力完成计划，这个学习效果才会很好。

第二章

枯燥内容有亮点

把学校当成游乐场

《知心姐姐》杂志曾做过一次有关中小学生苦恼因素的调查，结果发现：在造成中小学生苦恼的 6 大因素中，学习和考试占了 72.26%。

河南一家心理咨询机构对 6 所中小学的近万名学生进行了一次心理测试，结果竟然发现：有 50% 的初中生和近 70% 的小学生对学习没有兴趣，甚至"厌学"。

厌学的表现有多种，有些不愿意上学的同学，喜欢把自己关在家里，到了学校就犯困，总想打瞌睡；有的同学还伴有神经性反应，一迈进学校大门，就会出现拉肚子、低烧、头晕、胸闷等症状。可是，只要一放学，或者放假，就会马上活蹦乱跳起来。医生把这种现象称作"厌学综合征"。要知道，厌学不仅会发生在学习跟不上的孩子身上，有许多学习不错的孩子也会厌学。

为什么会出现厌学心理？这要从人的一个基本特点说起，大多数人都有追求快乐，逃离痛苦的特点。如果在学习中体会的是成就感、愉悦感，那么比较容易喜欢学习。反之，如果在学习中体验到的是痛苦的感觉，就非常容易产生厌学的感觉。即：痛苦带来厌学，厌学带来苦闷。因此，要想解决他的苦闷，需要把痛苦学习变成快乐学习。

其实，你完全可以把学校当成游乐场。学校就可以成为每天早晨你睁开双眼后，第一向往的地方！

讨厌上学的人，学习肯定好不了。连学校都不喜欢，怎么会有兴趣好好学习？会享受校园生活，才能提高学习成绩，要想发现校园生活中的种种乐趣，必须先摆正自己的心态。

其实，完全可以把学校看成个游乐场。就算现在还没有这种感觉，也要不断地暗示自己，学校是个让人快乐的地方。可能有人会想，如果根本不喜欢上学，又怎么能让自己产生这种想法呢？但是，任何事情，都会随着想法的变化而改变。

首先，从校园里发生的那些又有趣、又让人高兴的事情想起。在学校里和朋友见面，上喜欢的课，在体育课上大家一起做游戏……想想这些事情，难道校园生活不令人高兴吗？

静下心来想一想，你一定会想到更多有意思的事情。如果你心目中的学校是这样的，那么，你每天上学的脚步就会变得更加轻松，你会期待着快点到学校。

从现在开始，开始改变以前的想法，或许从明天开始，一睁开眼睛，你就会愉快地为上学做准备了。因为只有把学校当成游乐场，每一门学科才会成为一个大型的玩具，每一项枯燥的内容，才只是游戏的规则而已。

把学校当成游乐场，这时，你才会找到属于学习的亮点！

玩 = 学习

在游戏当中自然而然学会的东西，如果是真正有兴趣的，不用任何人强迫，我们都能学会。

因为只有在我们不觉得苦的时候，我们才会乐在其中，才能将学习搞好。如果我们把学习当游戏，尽情地玩在其中，回报我们的将是意想不到的成果。

寓学习于游戏之中，对于我们扩大知识面，陶冶性格，促进德、智、体、美各方面的发展，尤其是对于智力的开发，具有不可估量的作用。

如果仅仅把学习理解为向孩子灌输大人们认为重要的知识，那就未免太狭隘了。其实，对于小孩子来说，学习的内容极其广泛，不仅要学习文化知识，而且还要学会怎样学习。在游戏中学习比单纯的学习效果更好。再者，爱玩是我们的天性，玩的过程也是智力开发的过程。

小明就是一个善于把学习与游戏结合起来的学生，他说，做题跟玩游戏有很多相似的地方，都是要求尽量得高分，获得足够的经验值开心过关。所以，我经常会找来一本英语习题集，每 10 道题分为一组，开始自己的挑战练习。只要有一组题可以全部答对，我就奖励自己稍微休息一会儿，或去吃一个水果……如果你不要赖皮，选择的难度不是很低，那么，要想取得成功确实还不太容易呢！但是，一旦你取得了成功，就会感到特别兴奋，同时也会觉得自己的这个小小休息是那么的心安理得。

丁丁小时候，当他迷上了识字，把识字当成最快乐的游戏时父母给他讲字的形状特点，让他猜字谜，讲字的形体故事，有时将图片和汉字设计成游戏让他做，偶尔也让他用粉笔在地上写。3岁时他就能识近800字，大多数的字都是在游戏和看《娃娃画报》《幼儿智力世界》等杂志时学会的，几乎没有几个字是硬教的。

三四岁的时候，丁丁母亲又给他购置了各种儿童钳工工具和各种材料，指导他玩各种汽车模型，锻炼他的灵活性和设计能力。母亲还购置了一套"小护士"用品和器械，让他学如何做"护士"，有时母亲也参与到游戏中做"大夫"或"病人"，让他"听诊""号脉""打针"，看他认真的样子，母亲十分高兴。丁丁十分细心，学习态度十分严谨，考试时会做的题几乎不丢分，这和从小受到的训练不无关系。

不要把"学"简单地理解为玩，也不能把"玩"只当成玩，而应当把它看成是有益于身心健康的活动。例如捉迷藏，起初会因为找不到父母或小朋友而大哭大喊；也可能藏得破绽百出，顾头不顾尾，只要背过去看不见别人，就以为别人看不见自己了；有时你问他藏好了吗？他竟回答藏好了，把目标提前暴露出来，让人忍俊不禁。不过，慢慢地就会捉迷藏了，在脑海里能够描绘出一幅图画，他知道父母或小朋友会藏在什么地方，自己隐藏时也更为诡秘。这项活动不仅能够促进智力发展，而且能够使他们学会怎样和小朋友相处。

通过各种游戏，不仅能获取各种知识，锻炼自己的各种能力，同时，由于身体的活动，动作会变得更灵活，反应也更敏捷，肌肉会逐渐发达，骨骼也会变得结实起来。对小朋友来说，玩就是学习，不会玩耍的孩子也就不会学习。

亮点，常常深藏海底

小正对自己感到失望，不是一天两天的事了。小组活动因为他的失误，输给别的组；在运动会上看着那些体育好的同学得到热烈掌声，他的心情也很低落。他的学习永远也赶不上高峰，看着高峰得到老师表扬，他心里也不是滋味。各种不顺心的事堆在一起，小正怎么高兴得起来呢？

不知道现在的小读者能不能理解小正的心情？有时候，你会不会对自己感到失望？

失望是没有必要的。上天是公平的，它对每个人都赋予了独特的优点。

比如有的人学习成绩虽然不突出，运动细胞却很发达。有人歌唱得好，有人擅长画画，有人表达能力强、善于交际、幽默，有人会穿衣服，很普通的衣服也可以穿得很漂亮，这都是优点。一定要相信，每个人身上都有优点和潜能，也许现在还没有发现。

科学研究发现：人类贮存在脑内的能量大得惊人。人平常只发挥了极小的大脑功能，要是能够发挥一半的大脑功能，一点儿也不夸张地说，人就可以轻易学会40种语言，背诵整本《百科全书》，拿12

个博士学位。

捷克斯洛伐克有位叫米兰·米凯什的语言奇才，他精通40国语言，懂116种语言。立陶宛有一位叫拉比·伊莱贾的人，只读一遍就能记住的书竟有2000册之多。

伟大的人物之所以伟大，他们有一个共同点，就是不断开发自己大脑的潜能。

许多学习成绩不理想的学生，绝不是没有潜能，而是不相信自己有潜能。他们经受一两次失败，就总是怀疑自己笨，不断强化"自己脑子笨"的意念。他们久而久之，觉得自己脑子笨的那根神经工作能力越来越强，形成习惯，一事当前先想自己笨，先想自己不行，不给那些潜在的能力、脑神经以工作的机会，于是，潜能当然就埋没了。

每个人的大脑皮层舒展开来，都在2500平方厘米左右，每个人都大约有140亿个脑细胞。一个人一生中有效工作时间才28800万秒，即使夜以继日，星期天节假日都用来工作也不过10亿秒。所以许多生物解剖学家和心理学家都认为，最杰出的科学家也只不过用了大脑资源的1/10。我们这样的普通人，浪费的大脑潜能就更多了。

人脑的潜能如地下的矿藏，如果自己不相信地下有矿，只是着眼于砍伐地表的柴草，当然会感觉资源贫瘠，柴草越砍越少。如果坚信自己大脑深处潜藏着巨大的资源，立足往深处开采，那当然会有不尽潜能滚滚来的感觉。

所以，我们每个人都要坚信自己有优点，有潜能，并去发现优点，开采潜能！具体来说，以下方法可以帮助我们发掘潜能：

1. 发现自己的兴趣所在

大家都知道，小正非常喜欢看电视，尤其是动画片。

他常常把自己想象成故事中的主人公，与邪恶的势力做斗争，还会把动画片中的人物——画出来。很多人都喜欢看动画片，但都不会画，小正却画得惟妙惟肖。有时候同学们还为了争小正画的画吵起来，可见他多么受欢迎。

小正是不是有画漫画的天赋呢？很可能吧。虽然现在还不能肯定，但他很喜欢画，画得还不错。如果你做一件事感到非常愉快，那么很有可能，这里隐藏着你尚未发现的才能。

大家可以认真地想想，自己做什么事情觉得最开心。如果现在想不出来，那以后就认真观察吧，很容易发现的。

不过，并不是说知道自己最喜欢什么，就把全部的心思放在这上面。

比如小正，要是真的想成为一个漫画家，除画好画以外，还需要很多其他方面的学习，这也是很重要的。制作一部动画片，或画一本好漫画，没有多方面的知识和才能，是根本不行的。

2. 经常给予自己积极的暗示，提高自己的信心和勇气

俄国戏剧家斯坦尼斯拉夫斯基在排一场话剧时，女主角因故不能参加演出，无奈之下，他只好让他的大姐担任这个角色。可他大姐从未演过主角，自己也缺乏信心，所以排演时演得很糟。这使斯坦尼斯拉夫斯基非常不满，他很生气地说："这场戏是全戏的关键，如果女主角仍然演得这样差劲，整个戏就不能再往下排了！"这时全场寂然，屈辱的大姐久久没有说话，突然她抬起头来坚定地说："排练！"她一

扫过去的自卑、羞涩、拘谨，演得非常自信、真实。斯坦尼斯拉夫斯基高兴地说："从今天开始，我们有了一个新的大艺术家。"

为什么斯坦尼斯拉夫斯基的大姐能够展现出与自己平时完全不同的一面？非常明显，如果不是斯坦尼斯拉夫斯基的发火使他大姐受到刺激，积聚在大姐身上的表演潜力便不可能迸发出来。我们学习成绩不理想时，常常埋怨学校环境不行，老师水平差，却不知道，其实是我们自己缺乏信心和勇气、自卑、懒惰、安于现状、不思进取。如果我们能多给自己一点儿刺激，多给自己一些积极的暗示，多一点儿信心、勇气、干劲，多一分胆略和毅力，就有可能使自己身上处于休眠状态的潜能发挥出来，创造出连自己也吃惊的成功来。

3. 在心中想象出一个比自己更好的"自我"的形象，能够激励自己的斗志，有利于释放自己的潜能

美国的笛福森，45 岁以前一直是一个默默无闻的银行小职员。周围的人都认为他是一个毫无创造才能的庸人，连他自己也看不起自己。然而，在他 45 岁生日那天，他读报时受到报上登载故事的刺激，遂立下大志，决心成为大企业家。从此，他前后判若两人，以前所未有的自信和顽强毅力，破除无所作为的思想，潜心研究企业管理，终于成为一个颇有名望的大企业家。

如果不是报上刊载的故事的刺激，如果没有树立自我新形象的目标，笛福森也不可能成为一个大企业家。

任何成功者都不是天生的，成功的根本原因是开发了人的无穷无尽的潜能。只要你抱着积极的心态去开发你的潜能，你就会有用不完的能量，你的能力就会越用越强。相反，如果你抱着消极心态，不去

开发自己的潜能，那么只有叹息命运不公，并且越来越无能。

4. 在实践中激发潜能

请你养成习惯，先从小事上练习："现在就去做。"这样你很快便会养成一种强而有力的习惯，在紧要关头或有机会时便会立刻掌握。

此外，学生时期，是全面吸收知识的时候，要注意全面发展。就像小孩子长身体，大家都知道：吃饭偏食就会导致营养不均衡，身体就容易得病。学习也是同样的道理，必须均衡发展，不能偏科。现在学校里的科目，都是为将来打基础的，就像身体健康所需的营养一样，缺一不可。如果对自己喜欢的事多投入一些精力，多付出一些努力，当然是锦上添花了。

闪光的宝贝，常常深藏海底，要用一双善于发现的眼睛去观察，还要靠擅于挖掘宝藏的双手去劳动。

一切皆有趣味

让我们看看一个普通人成才的故事：

北京有一个青年服务员，17岁时，由于家庭经济困难，不得不离开学校，走上工作岗位。十几年来，他在饭馆当过学徒，在旅馆当过服务员，始终没有离开过服务行业。当时许多人都看不起服务行业，他却情有独钟，非常热爱服务业，对于工作中不懂的东西常常刨根问底。有一次，他发现同一道菜，一位大师傅的做法同另一位大师傅的做法就不一样。比如"芙蓉鸭片"，一位大师傅告诉他先蒸，另一位大师傅告诉他先过油。他想：谁对呢？于是到书中去查找，终于在元代《饮膳正要》中找到答案。"芙蓉鸭片"开始是以清蒸流传于世的，以后慢慢变出过油法来。他涌出这样的念头：我国的烹饪技术有上千年的历史，有着千千万万种菜肴、食品，它们的起源如何？怎样发展的？各有什么特色？倘若把这些整理编撰，公之于众，对于饮食业提高服务质量该有怎样的意义啊！

这个仅仅初中毕业的年轻人，经过多年的努力，写出了《旅店知识》一书，这本书是新中国成立后出版的第一本有关旅馆业知识的著作。这本书的问世，引起了全国旅馆业同行的强烈反应，称之为服务行业的一大创举。

由此可以看出，只要深入地了解，一切皆有趣味，生活中的各项领域皆如此。我们的学习也是如此，任何一门学科的设置总有理由，而且我们的教科书都是好多好多的专家、大学问家共同编写的，蕴含了丰富的内容和精妙的思维方法。

作业多，考试多，学习真的好累、好烦！许多学生总会抱怨学习的苦累，那是因为没有掌握好的学习方法、思维的技巧。学习的乐趣就在于此，理解了这些，你就不会感到学习的苦累了。

若能从学习中寻找乐趣，那你便是快乐的人。请看一个以学习为乐趣的学生的感受，相信对你会有启发的："刚刚上学的时候，那些奇妙的数字'1、1、3、4'对我们这些无知、天真的小孩有着多么大的诱惑力呀！记得小学一年级的时候，我拿着那些泛着油墨清香的新书对妈妈说：'妈妈，这些是什么玩意呀？'妈妈抚着我的头说：'这是书，你要学好了它，就会从中得到很多的知识。'于是我就努力去学习。每次考试以后，我拿着写着鲜红的 100 分的试卷去见妈妈时，我的心里好比三伏天吃了冰棒，甜到心底。有一次，听大人们在外面讲：'现在就要靠肚子里墨水多……'我马上跑到书房，拿起一瓶墨水就要喝下去。妈妈跑了进来，直跺脚说：'哎呀！你这个傻孩子，这怎么能喝呀？'我噘起嘴说：'你们不是说肚里墨水多就学问多吗？'妈妈'扑哧'一声笑了起来，说：'那是比喻嘛，你要想得到学问就要学习，知道吗？'我点了点头。上中学后，学习任务艰巨了，题目也变难了，但乐趣却有增无减，特别是证明几何题，非常有趣。有时我为了证明一道题，不去吃饭。因为书是'面包'，嚼起来津津有味。当我在草稿纸上算了一遍又一遍，最后做出来，如释重负地站起来伸伸腰，用手背擦擦额头上的汗珠，这时，就会感到学习的乐趣。"

"知之者不如好之者，好之者不如乐之者"，只有以学习为乐的人，才能真正学习好。一些同学对学习没有兴趣，只要加以合理的引导，就可以培养良好的学习兴趣。

那么，怎样才能培养学习兴趣呢？

1. 认识学科本身的意义

这一点在心理学上称为"目标动机理论"，也就是要明白学习这门学科最终有什么意义。比如说有的同学在学习数学时，认识不到学习数学的意义，就简单地认为，学习数学就是为了计算，那么高中阶段的代数、几何对我们又有什么意义呢？如果能够认识到数学在自然科学中的重要地位，如果学不好数学，将来学习物理、化学、计算机等都是不可能的。这样，你就会重新看待学习数学的重要性了，进而也就能培养对这门学科的兴趣。

2. 自我寻找学习的乐趣

这个方法是苏联西·索洛维契克倡导的，其基本点是：一个人要在心理上有所准备，坚信学习是件有趣的事。具体的训练办法是：①在学习前激励自己，自言自语，连说几遍"我喜爱学习××学科，××学科奇妙无比"等话语。②在学习中比平时更细心，花更多的时间。平时不原谅自己的粗心失误，尽可能使自己获得成功的愉悦。③在不想学习，不感兴趣时，回忆自己学习上的优点，例如"我的解题思路是正确的""我的运算速度是快的""我的记忆力是好的""我的文笔是优美的"等，淡忘自己的缺点，增强自信心。如果能坚持这样的训练，会使你逐步感到学习中的趣味。

3. 培养好奇心

"山重水复疑无路，柳暗花明又一村。"学习兴趣就是在不断的探究之中变得越来越深刻。因此，平时要留心观察一切事物，多给自己提一些"为什么"，并且经常与同学、老师一起讨论研究学习中的问题，感受知识的魅力。牛顿发现万有引力，瓦特发明蒸汽机，都是来源于日常生活中常见的现象加上问号，然后去钻研，并从中悟出道理来。学业上的长进往往是循着"好奇—有疑—思考—释疑—有得—产生兴趣"的轨迹发展的。

4. 要真正地进入到学习中去

有的同学学习很浮躁，对学科知识知之皮毛，感觉到学习这些知识很没意思。其实任何学科都有它自己的逻辑结构，如果你真正地去思考了，就会感到它的乐趣。比如有的同学学习化学，如果没有深入进去，每天只是机械地背一些反应公式，就肯定觉得学习是枯燥的；相反，如果去认真思考了，掌握了每个反应公式的内在规律，并且能和现实中的一些现象联系起来，这时你就会感觉到化学这门学科的意义，其结果自然会对这门学科形成兴趣。

5. 学会兴趣的转移

学生往往是兴趣十分广泛，但由于自控力较差，不容易把握自己兴趣的发展方向，容易"入迷"。例如"追星族""足球迷"等，由此影响到正常的学习生活，影响学业的提高。兴趣广泛不是坏事，学校还要开辟第二课堂来发展学生广泛的兴趣爱好，但每个学生在广泛兴趣基础上必须突出自己的中心兴趣，即学习各门学科知识。要把握好一定的"度"，注意控制自己，随时把不利于中心兴趣的其他方面过度的兴趣转移到学习上来。

6. 学习是个循序渐进的过程

对学习既要知难而进，又要做到从易到难。在学习中遇到困难是很正常的现象，有的同学喜欢向困难挑战，在战胜困难时感到其乐无穷，这样也容易形成自己的学习兴趣。有的同学不喜欢困难重重的感觉，这样的话，在学习中可以选择从易到难的方法，不要急于求成，这样在每前进一步中都会有一种成就感，同样可以培养学习的兴趣。

记忆，可以很轻松

良好的记忆能力，从学习过程来看，就意味着我们的成功。记忆，是过去经历过的事物在我们头脑中的反映。这种过去的经历，既可以是我们感知过的事物、思考过的问题、体验过的情绪，也可以是我们采取过的具体行动。

记忆是一种心理过程。记忆实质上就是先"记"后"忆"的过程，它包括识记、保持、回忆或再认三个基本的环节。如果把人脑看作是一台高效能的大型电子计算机组的话，人的记忆也可以说是一个信息输入、编码、储存和提取的过程。

根据记忆持续时间的长短和工作方式，可以把记忆分为三种：

1. 瞬时记忆

也叫感觉储存，即当刺激停止后，信息在感觉中的保持最多不超过 2 秒钟的记忆。例如电影中的动作本来是间断的，却给人一种连续的感觉，这也是由于瞬时记忆的原因。前一个动作在我们头脑中还没有消失，后一个动作已经出现了，所以动作看上去是连续的。瞬时记忆的内容，如果没有加以注意很快就会消失，如果受到注意，就转入短时记忆。

2. 短时记忆

不超过 1 分钟的记忆，叫短时记忆。例如记电话时从号码簿上查到电话号码，电话还没通完，号码已记不起来了。短时记忆所能记住的内容（或称短时记忆的容量）为 7±2。这就是说，短时记忆的容量有时为 5，最多不超过 9，大都在 7 左右。这些数字不是简单的数学数字，而是指信息"组块"或单元。如 906547682315 这几个数字，读完后如果立即回忆，那必定难以进行，因为它超过了短时记忆的容量。但如果我们把它断开来读 9065—4768—2315，回忆起来就比较容易，因为它包括了三个信息"组块"。这对我们阅读和学习英语听力都很有启示，在阅读或听外语时，如果能以语意群为信息单位，就可提高我们读和听的速度和记忆效果，便于对内容的理解。短时记忆都是可以意识到的，当短时记忆的内容得到复述，就转入长时记忆。

3. 长时记忆

信息保持超过 1 分钟，直至几年甚至更长时间的记忆，就是长时记忆。

长时记忆中的内容，我们并不是时时刻刻都能够意识到的，只有当这些内容从长时记忆中变成到短时记忆时，才能被意识到，或者说回忆起来。我们对过去事物的回忆，都是以短时记忆的形式出现的。长时记忆的容量，如果有足够的复习，从理论上讲，是没有界限的。另外，长时记忆的内容，有时可能受到干扰，想不起来，但以后还能恢复。如我们一时想不起来过去曾见过的某个公式或单词，过一段时间，又能想起来。而短时记忆中的信息一旦受到干扰，也就消失了。

记忆方法很多，但因人而异，有的擅长看（视觉型），有的人擅长听（听觉型），有的人擅长用嘴和手（运动型）等。比较常见的是混合型的记忆方法，而这种方法的记忆效果最佳。

有位实验者曾经用这三种方法让三组来自不同家庭的孩子记住10张画的内容。对第一组孩子，他只告诉他们画上画了些什么，并不给看画。对第二组孩子正好相反，只给他们看画，可是不再给他们讲每张画画了些什么。对第三组孩子是又让听又让看，实验者不但给他们讲画的内容，同时给他们看那些画。过了一段时间，实验者分别问这三组孩子记住了多少画的内容。结果第一组记住的最少，只有60%；第二组稍多，记住了70%；第三组记住最多，达到86%。

这说明只听不看的孩子记得最少，只看不听的孩子记得稍多一点，又听又看的孩子记得最多。这还仅仅是两种感觉器官并用，记忆效果就比只用其中一种好得多。因此，如果把所有感觉器官一齐调动起来，记忆效果会更好。

要想成功地提高记忆能力，关键在于要加强记忆方法的训练：

1. 确定要记忆的目标与对象

人不管做什么事，都要有目标。这个目标，诱惑着人，引导着人，使人步入更高的境界。同样，我们也要清醒地意识到，自己的学习总是有一定的目标的，这是成功地改进记忆效能的一个前提和基础。

那么，如何确立记忆的近期目标呢？关键是要学会安排记忆进程，把长远目标划分成若干不同的近期目标，一个一个地实现，一个一个地跨越。每当达到了一个近期目标，就能增强信心，改进记忆效能，提高记忆速度。当达到了所有的近期目标后，处心积虑所要追求的长远目标也就胜利在望了。而对长远目标的靠近，无疑会更强有力地刺激记忆效能，从而更有效地提高记忆能力。

例如，要学习英语，倘若笼统地确立一个目标，将来出国深造——他会感到前途渺茫；如果确定不同的近期目标，先完成容易的部分，如每天学习10个名词，进而掌握动词、形容词、副词等，他就会感到信心十足，感到学习语言不再是枯燥乏味的工作。每一次克服了困难，每一次获得了成功，自信心便会随之增长，而自信心同时又鼓舞他去争取更大的成功。

各种各样的学习和记忆活动，都可以运用这种方法，化整为零，使长远目标分解成若干不同的近期目标，由易而难，由浅入深，不断地刺激学习兴趣，增强记忆力。在学习过程中，小学生给自己提出一个记忆目标，充分利用有意识的记忆，可以使记忆效果大大提高。

2. 理解记忆法

在积极思考、达到深刻理解的基础上记忆材料的方法，叫作理解记忆法。理解记忆的基本条件是对材料进行思维加工。有些材料，如科学概念、范畴、定理、法则和规律、历史事件、文艺作品等，都是有意义的。记忆这类材料时，一般都不采取逐字逐句强记硬背的方式，而是首先理解其基本含义，即借助已有的知识经验，通过思维进行分析综合，把握材料各部分的特点和内在的逻辑联系，使之纳入已有的知识结构，以便保持在记忆中。

外国心理学家在做记忆的实验中发现：为了记住12个无意义音节，平均需要重复25次；为了记住36个无意义音节，需重复54次；

而记忆 6 首诗中的 480 个音节，平均只需要重复 8 次。这个实验告诉我们：凡是理解了的知识，就能记得迅速、全面而牢固。不然，愣是死记硬背，那真是费力不讨好。

理解记忆的全面性、牢固性、精确性及迅速有效性，依赖于对材料理解的程度。理解记忆的效果优于机械记忆。

理解记忆是以理解材料内容为前提的。这种理解不仅指看懂了材料，而且包括搞懂了材料各部分之间的逻辑联系，以及该材料和以前的知识经验之间的关系。因此，在记忆材料的时候，我们要尽可能向孩子说明"先理解、后记忆"的要求，而不要从一开始就逐字逐句地死记。

3. 形象记忆法

以感知过的事物的具体形象为内容的记忆，称为形象记忆。这些具体形象可以是视觉形象，也可以是听觉的、触觉的或味觉的形象。

比如说当我们回忆起一部动人的电影时，不仅一幅幅动人的画面会浮现于我们眼前，电影中的音乐也会在我们耳边回荡。这种反映在头脑中的过去经历的事物形象，叫作记忆表象，它为我们的想象提供了素材。

根据心理学家的统计和研究，小学生擅长于具体形象的记忆。

有一个记忆神童小晨说：他很快就记住了他的一个朋友的电话号码：33329916。问他是怎样记的，他回答说，这组号码表面看毫无意义，但把它们分解成几个部分，并与自己所熟知的字挂钩起来，就容易记住了。比如这组数字，3332 是他所居住区域的邮政编码，99 又恰恰是他所居住公寓号，他住在 16 号房间。几组数字一连起来正好是 33329916。

让我们来做个小游戏，请在一分钟内记住下列东西：

风筝、铅笔、汽车、电饭锅、蜡烛、果酱。

对这六样东西，你记住了几项呢？其实你可以六样都记得而且轻而易举，只要靠着你的想象力。

你要想象，你放着风筝，风筝在天上飞，这是一个什么样的风筝呢？是一个白色的风筝。忽然有一支铅笔，被丢了上去，把风筝刺了个大洞，于是风筝掉了下来。而铅笔也掉了下来，砸到了一台汽车，挡风玻璃也全破了。后来，汽车只好放到一个大电饭锅里去，当汽车放入电饭锅时，汽车融化了，变软了。后来，你拿着一个蜡烛，敲着电饭锅，当当当的声音，非常的大声，而蜡烛，被涂上了果酱。

现在回想一下：

风筝怎么了？被铅笔刺了个大洞。

铅笔怎么了？砸到了汽车。

汽车怎么了？被放到电饭锅煮。

电饭锅怎么了？被蜡烛敲出了声音。

蜡烛怎么了？被涂上了果酱。

如果你再回想几次，就把这六项记起来了。

这个游戏说明：联结是形象记忆的关键。好的生动的联结要求将新信息放在旧信息上，创造另一个生动的影像，将新信息放在长期记忆中，以荒谬、无意义的方式用动作将两影像联结。

好的联结在回想时速度快，也不易忘记；有声音的联结比没有声音好；有颜色的联结比没有颜色的好；有变形的联结比没有变形的好；动态的比静态的好。

想象是形象记忆法常用的方式，当一种事物和另一种事物相类似时，往往会从这一事物引起对另一事物的联想。把记忆的材料与自己体验过的事物联结起来，记忆效果就好。在外语单词里，有发音相似的，有意义相似的，这些都可以利用相似联想法来帮助记忆。像把"扬、肠、场、畅、汤"放在一起记，把"情、清、请、晴、睛"放在一起记。每组汉字的右边都是相同，每组字的汉语拼音也有共性，前一组的汉语拼音后面都是"ang"，后一组的汉语拼音都是 qing，这样就可以学得快、记得住。

又比如，要记住我国的省级行政单位的轮廓及位置，确实很困难。如果能用形象记忆，会减少这方面的困难。仔细观察中国政区图不难发现各省市政区的轮廓，与日常生活中的一些实物很相似。如：黑龙江省像只天鹅，内蒙古自治区像展翅飞翔的老鹰，吉林省大致呈三角形，辽宁省像个大逗号，山东省像攥起右手伸开拇指的拳头，山西省像平行四边形，福建省像相思鸟，安徽像张兔子皮，台湾省似纺锤，海南省似菠萝，广东省似象头，广西似树叶，青海省像兔子，西藏像登山鞋，新疆像朝西的牛头，甘肃像哑铃，陕西省像跪佣，云南省像开屏的孔雀，湖北省像警察的大盖帽，湖南、江西像一对亲密无间的伴侣……形象记忆不仅使呆板的政区轮廓图变得生动有趣，也提高了记忆的效果。

4. 重点记忆法

也许你发现了，每当你记忆某一段材料时，记忆并不是按顺序进行的。往往是先记住了其中一段，也许是第一段，也许是中间的某一段，都有可能，然后再记住更多的，直到全部记住为止。这是为什么呢？原因就是记忆有一个自动选择的机能，它往往根据自身的兴趣来选择要记忆的重点。

重点记忆法又叫选择记忆法，就是在记忆过程中对记忆材料加以选择和取舍，集中精力记牢重点部分的记忆方法。据说，苏联莫斯科大学有一位大学生，他在图书馆的石阶上走路时不小心摔了一跤，大脑受到撞击。从此，不可思议的事情产生了，他的记忆好得不能再好，什么东西都过目不忘，像《真理报》这样的大报，从头版到第八版，只要他阅读后，每篇文章都能倒背如流。但是，他的头却疼痛如裂，因为记得太多了，大脑得不到休息。因此，记忆应有选择，记忆那些最重要、最有意义、最有价值的材料。

据说古时候，有的人记忆力极好，甚至可以把文章倒背如流，过目成诵。可是郑板桥却看不起这种人，把他们叫作"没分晓的钝汉"。怎么个没分晓？就是不分主次、轻重，不管有用、无用，一股脑儿全都背下来。

在学习中，并不需要把全部内容都记住，事实上，这也是不可能的。当代语言学家吕叔湘说："我们各门学科都有一些基本的知识要记住，基本公式、规律要记住，这是不错的，但是，不是所有的七零八碎的烦琐的东西都要记住。书上都写着在那里，那时候你去查一查就行了。"是呀，如果你什么都去记，反而会记不住重点了。

正如英国小说家柯南道尔说："人的脑子本来像一间空空的阁楼，应该有选择地把家具装进去，只有傻瓜才会把他碰到的各种各样的破烂杂碎一股脑儿装进去。这样一来，那些对他有用的知识反而被挤了出去，或者，最多不过是和许多其他的东西掺杂在一起。因此，到取用的时候也就感到困难了。"可见，学习需要抓住重点去记忆。

当然，抓住重点记忆并不是说不用记其他的内容，而是在抓住重点之后，再记其他内容就比较容易了。例如，秦末农民战争的原因可概括为"税重、役多、法酷"，这样，你就可以比较全面地记住了。

我们每天接触的信息太多了，这些信息并不是都需要记忆的。教材和笔记中很多详细的说明性文字、同一类型的很多道习题、非重点的内容、可以根据其他公式推导出来的那些较复杂难记的公式等，都可以忽略。这样，就可以拿出主要精力记忆那些对考试来说最重要、最有意义、最有价值的材料。牵牛要牵牛鼻子，记忆要选择知识的"牛鼻子"。

因此要想考出好成绩，必须对所学知识充分消化理解，精选重点内容，把它们牢牢地记住。许多公式、定义、定理、定律是学科精髓和本质所在，要理解，也要牢记。它们往往是以一当十，有着举一反三的作用。有些人对一些解题过程和答案也要强行背下来，是完全没有必要的。考题是千变万化的，它要求你灵活地运用公式或定理，绝不会要你去死记。学习好的人，记忆力强的人，往往善于抓住重点，抓住精髓，善于组织材料。

一种很好的重点记忆法就是，先用笔或纸盖住你认为难以记忆材料的内容，那些被覆盖的部分自然无法看见，而再读这些材料时，可以想出被盖的部分是什么内容。实在不能记住，则挪开笔或纸，反复几次，便记住了。

5. 多感觉记忆法

宋代学者朱熹认为读书要三到："谓心到、眼到、口到。心不在此，则眼看不仔细。心眼既不专一，却只慢朗诵读，绝不能记，记亦不能久也。三到之中，心到最急，心既到矣，眼、口岂不到乎?"现代科学研究表明：人从视觉获得的知识，能够记住 25%，从听觉获得的知识能够记住 15%，若把视觉与听觉结合起来，能够记住 65%。多通道记忆法动员脑的各部位协同合作，来接收和处理信息。用这种方法来学习语文、外语等课程，其效果最为显著。

上课记笔记也具有多通道记忆的作用。记笔记并不是要把老师说的每句话都记下来。写字比听话慢，如果逐字逐句去记，不但记不住，而且还会影响听讲，达不到记笔记的目的。正确的做法是：以听懂为第一，边听边积极思考，总结出老师讲课内容的要点，记下几个关键的字或句子。

6. 类别记忆法

若将必须记忆的内容按一定要求进行分类，那么，记忆就要容易得多。实际上，分类过程是一个理解的过程，本身就已经具有记忆的功能。孩子一边在分类，一边在理解，一边就已经在记忆了。

如果要记忆下列 10 种物品：猫、帽子、狗、挂钟、桌子、衣柜、眼镜、鹦鹉、鞋子和戒指，让孩子使用反复背诵的强记方法也可以，但往往要花比较多的时间，并且过不了多久就会忘记。为了便于记忆，我们可以把上述的十种物品先加以分类，比如：猫、狗、鹦鹉是动物，帽子、眼镜、鞋子、戒指是穿戴在身上的东西，挂钟、桌子、衣柜则是家里的摆设，把这些物品一一加以分类之后，就容易记忆了。

再比如，考试前有 10 个外语单词要求尽快记忆，最好的办法就是采取分类记忆法，可先按词性分类。如英语动词 observe, grasp, obtain, manage 等；名词 computer, blood, window, dictionary 等；副词 quickly, quietly, absolutely 等；形容词 excellent, lovely, beautiful 等。还可按使用范围进行记忆，如教学类 school, classroom, desk, blackboard, teachers, students 等；动物类 sheep, cow, chicken, pig, bird 等；人体五官名称类 eye, nose, face, hand, foot, arm 等。

7. 音近记忆法

利用谐音来帮助记忆的一种方法。许多学习材料很难记忆，在它们之间不易找出有意义的联系，例如历史年代、统计数字等。如果对这些学习材料利用谐音加某种外部联系，这样就便于贮存，易于回忆。

据说，有位老师上山与山顶寺庙里的和尚对饮，临走时，布置学生背圆周率，要求他们背到小数点后 22 位 :3.1415926535897932384626。大多数同学背不出来，十分苦恼。有一个学生把老师上山喝酒的事结合圆周率数字的谐音编了一句顺口溜："山巅一寺一壶酒，尔乐苦煞吾，把酒吃，酒杀尔，杀不死，乐而乐。"待老师喝酒回来，个个背得滚瓜烂熟。这位聪明的学生就是利用谐音法来帮助记忆的。

利用谐音法还可以帮助记忆某些历史年代。不少学生觉得记忆历史年代是件很苦恼的事，不容易记住，而且还容易混淆。但是，要学好历史，又必须记住历史年代，因为没有时间也就无所谓历史。于是，许多考生利用谐音法来帮助记忆历史年代。例如，甲午战争爆发于 1894 年，用它的谐音："一把揪死"，就非常容易记住。当然，谐音记忆法只适于帮助我们记忆一些抽象、难记的材料，并不能推而广之用于记忆所有的材料。

8. 口诀记忆法

把记忆材料编成口诀或合辙押韵的句子来提高记忆效果的方法，叫作口诀记忆法。这种方法可以缩小记忆材料的绝对数量，把记忆材料分组、组块来记忆，加大信息浓度，增强趣味性，不但可减轻大脑负担，而且记得牢，避免遗漏。

一个字尽可以看作一个组块，一个单词、一个词组也可以看作一个组块，一个句子也可以作为一个组块。

组块内部的信息不是各自孤立，而是相互联结的。如果善于把记忆材料分成适当的组块，就能够大大提高记忆效果。口诀记忆法就是符合组块规律的一种记忆方法。

例如，我国的二十四节气歌：

春雨惊春清谷天，

夏满芒夏暑相连；

秋处露秋寒霜降，

冬雪雪冬小大寒。

上半年来六廿一，

下半年是八廿三；

每月两节日期定，

最多相差一两天。

朗朗上口，容易记忆，在劳动人民中间世代相传，具有强大的生命力。

除二十四节气歌外，乘法口诀、珠算口诀、五笔字型输入字根表等，都是运用口诀记忆法进行记忆的例子。

9. 串联记忆法

当背诵课文或长篇文章时，常常需要利用串词。串词法的要领是：

（1）在内心或用打上记号的办法将文章分成几部分，每一部分要含有一个最重要的思想内容。做这项工作时，可以参照文章已有的划分法，如文章的自然段等。

（2）针对每一部分确定一个中心词。中心词数量不能太少，以免漏掉某个重要的思想内容；但也不能过多，以免词串太长。

（3）每个中心词都必须保证能够借以回忆起相应的那个部分的内容。

（4）每个中心词都要便于与相邻的中心词串联。

（5）所有中心词都确定之后，要按照与文章各部分先后顺序相吻合的顺序抄写下来。

（6）根据各中心词与其相应的文章片段的联系，针对各中心词提出问题，通过复习将这些联系牢牢记住。

（7）将中心词依次串联起来，为此要针对每一中心词提出问题，借以搞清各中心词之间的联系。对这些联系也要复习，直到记得很熟保证不会忘为止。

（8）将每个中心词同相应的文章片段和后接的一个中心词联系起来，然后对整个词串进行复习，直至把文章完全记熟为止。

经过这样熟记的文章，就可以放心大胆地撒在一边了。只要还记得那个词串，就随时都能够把文章回忆起来。万一有哪个中心词被忘掉了，只需朝抄下来的词串看一眼，就能立即回忆起来。

第三章
课堂内外要领多

预习——让你每次都领先一步

预习就是在课前的自学。一般是指在老师讲课之前，学生独立地自学新课的内容，做到初步理解，并做好上课的知识准备的过程。这个过程对学习的影响很大，只有把握好这一点，你才会每次都领先一步。

小慧原来听课很吃力，课后要花大量时间看书，还要不断地求助于老师和同学，做作业的效率也很低，学习成绩一直难以提高，精神压力很大。不久，老师发现她在学习上有了显著的进步，情绪也大有好转。后来，老师在她的总结中找到了答案，她说："20分钟的预习，改变了我学习被动的局面。"

预习有什么作用呢？

1. 预习可以提高课堂的学习质量

可以这么说，预习的好处直接体现在课堂学习的效果上，而课堂学习在一个学生掌握知识、发展能力的过程中有着举足轻重的作用。下面具体说一说预习对课堂学习的促进作用。

（1）预习可以扫除课堂学习的知识障碍

我们知道，上课学习新知识时要用到"旧"知识，也可以说，要用到很多以前学过的储备在头脑中的知识。每上一节新课我们都会发现，新知识和"旧"知识之间有着千丝万缕的联系。

如果你在学习新课时，需要运用的"旧"知识不会了或遗忘了，那就意味着你的知识桥中断了，结果只好上课的时候听"天书"了，还谈得上什么课堂收获？

而且，你想过吗？上课的时候老师面对全班很多的学生讲课只能按照一个速度去讲。你在听课时，如果出现了知识障碍，查看以前书上的内容，会来不及；问老师和其他同学，就要中断老师讲课，也干扰了其他同学听讲，也不行。

上课中途解除知识障碍是不可能的，只有预习可以解决好这个问题。

（2）预习让你更加领会知识

同学们经过预习再去听讲，上课时的积极性和目的性往往比没有预习时要强。我们知道，实际上预习的时间总是有限的，再加上个人能力的限制，因此不可能在预习时全部领会教材的内容，总会遗留一些不懂的问题，盼望着上课时能得到解决。这样，听课时的积极性和目的性自然就比较强了。

通过预习，对知识有了初步的领会，上课时经过老师的讲解、指点与启发，对知识的领会便可以进入更高的境界。

具体来说，在老师讲到预习时已经初步领会的部分，就可以进一步关注老师讲课的思路，并和自己预习时的思路进行比较，看老师是怎么提出问题的，是怎么分析问题的，又是怎么解决问题；老师的思路比自己的思路高明在什么地方，原因是什么。当然，也少不了要验证一下自己对知识的领会是不是正确的。经过这么一番比较，就可以取长补短，不仅使知识的掌握更加扎实，而且可以提高自己学习的自觉性。所以，表面看同学们都坐在教室里安安静静地听课，实际上每个人听讲的起点和接受能力是不一样的。没有预习的同学，如果再加上基础差，上课时要想听懂就很困难，更没有精力去考虑更深层次的问题了。

预习还可以使你抢在老师前面思索，考查一下自己预习的效果如何。同学们可以和老师写的进行对照、检查，看自己想得对不对。经常这样做，可以大大提高思维能力和记忆能力，上课也会更加专心致志。

（3）预习让你轻松做笔记

在课上，老师写完板书以后，继续往下讲课，又讲了几处知识上容易出问题的地方，这时，小明只顾专心地抄录老师的板书，既不听讲，也不观察实验。老师提醒他时，他还误认为老师嫌他抄笔记太慢。后来，老师让他打开课本看一下，他一看书就笑了，也不再抄板书了，转而专心听起讲来。为什么？原来，小明抄的板书在课本上全有，老师的板书与课本上的内容一字不差。可见，不预习的同学，在上课记笔记时就可能出现上述的盲目性。而预习过的同学，因为心中有数，就可以着重记课本上没有的部分，至于课本上已有的内容，则可以少记，或留出空行下课时再补记。这样做，可以把更多的时间用在思考问题上面。对学习水平高的同学来讲，也不妨选择一两门学科，自己做做预习笔记，并以此作为上课记笔记的基础。当然，预习笔记上要留出空白，以便把上课时老师板书中有价值的内容补充进去。选择什么学科做预习笔记呢？最好选择那些老师主要依据课本设计板书的学科，以便减少两种笔记的差异，也更便于比较出自己的预习笔记有哪些不足之处。坚持这样做，预习会更加专心，对知识的钻研也会更加深入，并且肯定会促进自学能力的提高。可以说，预习是从上课盲目记笔记的状态中解放出来的好方法。

2. 预习帮助你自学

从提高自学能力的角度讲，预习是培养和提高我们自学能力的一条重要途径。下面先说一下自学能力的重要性。

我国物理学家钱三强说："自学是一生中最好的学习方法。"

如果承认预习、上课、课后复习、做作业、阶段复习等都是学习的重要环节的话，那么，除上课这一中心环节外，其他环节就主要靠自学了。为什么同在一个教室上课，同学间的学习质量却常常有很大的差别呢？差别就在于自学能力的强弱，它影响着预习、课后复习、做作业、阶段复习等自学环节的学习质量。

我们只通过老师传授这一个渠道来获取知识是远远不够的，在预习中形成的自学能力，将使我们的头脑迅速地充实起来。有一个初一的学生，在课前就能对课文的各段大意加以概括，对文章的层次、线索也分析得头头是道，有时还敢对名家作品提出自己的独到见解。他所表现出来的较强的自学能力，是与他从小学开始坚持预习分不开的，预习为他的独立阅读和独立思考提供了一个实践的机会。

总之，在学习期间，在获取知识、运用知识的过程中，一定不要忽略能力的提高，尤其是自学能力的提高。抓住了预习，就抓住了提高自学能力的一条主要途径。

3. 预习让你很主动

由于预习可以扫除课堂学习中的知识障碍，提高听讲效率，加强上课记笔记的针对性，增强课堂学习的效果，所以使作为学习中心环节的课堂学习状况发生了变化。从学习效果来看，改变了学习的被动局面，减少了因听不懂而浪费的课堂学习时间。上课听懂了，课后复习和做作业的时间也大大节省了。当然，预习也要花费一些时间，但与课堂听讲、课后复习和做作业效果的增强相比，这些时间的花费则显得微不足道。

学习后进的学生，最好从学习最差的那门学科开始进行预习，看看学习局面会不会有所改变。学习差，又不预习，上课听不懂，课后再花大量时间补课和做作业，实在不合算。学习上欠了"债"总是要"还"的，预习则是"还债"的最好方式。这种"还债"，可以在上课时直接受益，有人把预习后开始的学习过程比喻成"加速运动"是有一定道理的。

一般来讲，预习大致有以下几项任务：初步理解教材的基本内容和思路；复习、巩固和预习有关的"旧"概念、"旧"知识，并且把新旧知识联系起来；找出新教材的重点和自己不理解的问题；尝试做预习笔记。

根据预习所涉及的知识范围和进行预习的时间，可以把预习分为以下几种：

1. 学期预习

一般在寒、暑假内进行，预习的范围涉及整本教材。这种预习的主要任务是了解一下新教材的知识体系，了解一下自己在新的学期内有可能遇到哪些知识障碍，以便在假期内做些知识上的准备工作。经过学期预习后，在上课时就容易站在全局的高度来学习，从而提高了学习的自觉性。因限于知识水平和时间，学期预习只能观大略，线条一般要粗一些，不是要把一本教材的新知识全弄懂。再强调一下，学期预习的主要任务就是两条：了解新教材的知识体系，准备好预备知识。完成了这两个任务，就可以大大减轻开学后的学习负担。

2. 阶段预习

是指预习下一阶段的学习内容，也可以叫分章或专题预习。阶段预习的作用和学期预习大致一样，只是从预习的知识量到投入的时间，都不如学期预习那么多而已。阶段预习一般放在周末或其他自由学习时间进行。

3. 课前预习

一般是指上课前的预习，也可以叫分节预习。范围是下一节课涉及的内容。一般在上课前的晚自习时进行，也有在早自习时进行的。由于预习的内容较少，因此预习时要相对地深入细致一些。

这三种预习是互相联系的，做了学期预习，阶段预习和课前预习就可以不做或少用点时间；进行了阶段预习，课前预习就可以不进行或少用点时间。三种预习在调整学习负担上往往能起到良性循环的作用，例如，在闲时多搞点预习，就可以减轻忙时的负担。

不同学科的预习要求是不一样的，对理科来说，预习时要注意以下几点：

1. 亲自推导公式

理科课程中有大量的公式，有的课本上有推导过程，有的课本上没有推导过程，只是把公式的最初形式写出来，然后说一句，"经推导可得"，就把结果式子写出来了。无论课本上有无推导过程，预习的时候应当自己合上书，亲自把公式推导一遍。书上有推导过程的，可把自己的推导过程和书上的相对照；书上没有推导过程的可在课堂上和老师推导的过程相对照，以便发现自己有没有推导错的地方。

自行推导公式既是自己在独立地分析问题和解决问题，又是在发现自己的知识准备情况。通常，推导不下去或推导出现错误，都是由于自己的知识准备不够，要么是学过的忘记了，要么是有些内容自己还没有学过，只要设法补上，自己也就进步了。

2. 扫除绊脚石

理科知识连续性强，前面的概念不理解，后面的课程无法学下去。预习的时候发现学过的概念有不明白、不清楚的，一定要在课前搞清楚。

3. 汇集定理、定律、公式、常数等

理科课程中大量的定理、定律、公式、常数、特定符号等，是学习理科课程的最重要的内容，是需要深刻理解、牢牢记住的。所以，在预习的时候，无论你做不做预习笔记，都应当把这些内容单独汇集在一起，每抄录一遍，则加深一次印象。上课的时候，老师讲到这些地方时，应把自己预习时的理解和老师讲的相对照，看自己有没有理解错的地方。

4. 试做练习

理科课本上的练习题都是为巩固所学的知识而出的，预习中可以试做那些习题。当然，并不是一定要做对，而是用来检验自己预习的效果。预习效果好，一般书后所附的习题是可以做出来的。

预习语文时，可以采取以下几种方法：

1. 质疑法

一般适用于难度较大的讲读课文，如杂文、学术性论文和阅读障碍较大的文言文，通过这种预习来培养从读中察疑、质疑的意识。事实证明：如果发现问题越多，学习气氛就越浓厚；如果课文难度大，学生质疑少，情况就会相反。

2. 自读批注法

它用于自读课文，可以采用两种方法：一种是课内阅读，完成一份批注表，要求批注重要词句，批注文章的结构特点，批注练习难点。另一种是完成一份课外自读课文的"阅读摘要卡片"，这种自读形式时间短，不要求面面顾及，重要的是读有所得，并且有速读、略读的能力。

3. 审题法

就是从审清题意入手，去掌握文章的内容和重点。如预习《小青石》一文，可以先让学生思考，这篇童话故事中有哪几个角色？你喜欢谁？为什么？课文为什么要用"小青石"作题目？这样使他们在自读时就有了正确的思维定向，一开始就能抓住重点，不至于错误地领会文章的内容，并能领会审清题意的作用。

4. 图解法

即以图画的方式对文章的结构和内容做比较直观的图示，以解剖其纵横联系，突出事物的本质。如《跳水》这一课的一个重要问题就是要搞清楚事物和环境是怎样联系的。这种联系又是怎么发展变化的？结果怎样？教师可用线条组成阶梯状，形象直观地把文章故事情节发展的层次和由发生到高潮、由高潮到结局的变化展示出来，再让学生按图索骥，熟读课文的要素。这样对于抽象思维尚不发达、长于形象思维的小学生来说，最能激起他们的阅读兴趣，使他们从形象的感知中理解课文的故事情节，弄清事物和环境的联系，学习作者谋篇布局的方法。

5. 类比法

即把阅读过的同类型文章或一组同类文章，拿来作类比分析，使自己的视野跳出一篇文章的范围，在类比分析中举一反三，获得对某方面知识的规律性知识，培养自学能力。例如五年制小学语文七册的三则寓言：《拔苗助长》《守株待兔》《叶公好龙》，预习时，就可以采用类比法，以一篇带一组。先以《拔苗助长》为例，揭示学习方法，教会学生寓言的规律性知识，让学生围绕题眼抓关键语句，弄清为什么要"助"？怎样"助"？"助"的结果怎样？说明了什么？从而了解什么是寓言和寓意。其余二则，学生就能通过类比分析，找到共同点，然后依照第一篇寓言的学习方法，无师自通。

6. 实验法

即对常识性的课文，辅以必要的演示实验，使学生通过实验演示弄懂课文中涉及的自然科学知识，为深入理解课文内容打下基础。例如《捞铁牛》讲的是关于浮力的知识，学生不易理解，预习作业可以采取布置学生做"捞铁牛"实验的方法，通过水的浮力实验，让学生获得感性认识，了解主人公是怎样根据浮力的定理，采取恰当的措施，把铁牛捞起来的。这样既增强了学生学习课文的兴趣，又加强了学科间的横向联系，扩大了学生的知识视野。

7. 摘录法

就是根据训练的重点，有目的地一边阅读一边把自己所需要的有关内容，分门别类地摘录在一起，进行归纳，以便理解课文，抓住中心。如预习《田寡妇看瓜》时，可把有关描写田寡妇、秋生、王先生的土地占有情况、生活状况的内容，按土改前后不同时期分别摘录下来。这样就能从摘的内容中很容易看出事物和环境的联系，懂得环境变了，人也变了。

8. 提纲法

即运用预习提纲，在提纲的"定向"作用下，独立地进行翻查、分析、综合、体会，对课文内容有所领会、有所发现，久而久之，逐步形成自学能力。如《狼牙山五壮士》一文可以借助课后习题为预习提纲，在熟读课文（第五题）、掌握字词（第四题）的基础上，复习旧知识（第一题抓主要内容），解决新问题（第二题抓中心，第三题抓详写）。

9. 避读法

即在自读中除遇到深奥而又是关键的非解决不可的问题外，对一般不影响课文的次要问题，暂时不能解决的作为存疑，避而不读，有些属于无关紧要的内容，也可以避开它跳过去，以保证阅读的速度，从而培养从实际出发，抓住主要矛盾，避轻就重的处理能力。

做课堂的主人

　　课堂学习是学生学习基础知识、形成技能技巧的主要途径，也是发展学生智力的主要途径。听课，则是学生学习的中心环节。听课的质量，直接影响学习质量，而听课质量，又取决于会不会听课，或者说是否善于听课。

　　有一部分学生不会听课，虽然和别人一样坐在教室里听课，但或者是注意力不能集中与稳定，极易分心走神；或是根据兴趣对老师的讲述有选择性地听讲，四十五分钟的课，听得断断续续、支离破碎；或是不善于观察和思考，只是被动地听，头脑这个思维的"湖"十分平静，激不起思维的浪花；或是不注重向课堂四十五分钟要质量，认为只要下课后认真看书和复习，听不听课无所谓，因而出现上语文课看数学书，上数学课做语文作业的怪现象。

　　一位优秀中学毕业生在谈到他的学习经验时说："中学时代，在课堂上听老师讲课是一天学习的主要内容，因此，听好每一堂课是十分重要的。对于在校学生来说，老师的传授毕竟是知识的第一来源。如果我们轻视上课听讲，那么我们就是在最严重地浪费时间。"这句话说出了他学习成功的主要原因。

一个学生如果不会听课或听课效率不高，那么学习可能事倍功半或徒劳无功，听课效果不好，学习成绩必然很难令人满意。要学会听课，必须做到四点：提高认识，做好准备，专心听课，讲究方法。

1. 提高认识

首先，要认识到听课的重要性。听课是学生获取正确信息、匡正错误、提高能力的主要渠道，离开这个主要渠道谈学习，那无异于丢掉西瓜去捡芝麻。其次，要认识听课的长期性。一年 12 个月，大约有 9 个月在上课，每个学期要上 600 多节课，一年要上 1000 多节课。到学校学习目的就是接受教育、学习知识、锻炼能力，因此要有耐心听好每一节课。再次，认识课堂知识的浓缩性。从学习学科知识的角度讲，学生上课的主要任务是在教师的引导下继承人类的宝贵知识财富，并在这个过程中锻炼观察能力、动手能力、听说能力、思维能力、综合分析能力、运用知识解决实际问题的能力等。教师传授的知识，一般都是人类长期实践总结的产物，是人类智慧的结晶。教师讲一节课的内容，可能是一代或几代科学家研究的成果。从教师来看，一个受过专门师范教育的老师，每一堂课也浓缩了教师的"人生精华"。可以说，在教师的指导下，学生走的是一条最近最直的认识道路。抓住了课堂学习，学习效率就能成倍提高。

2. 做好准备

上课前 1 ~ 2 分钟，你应该为即将上课而做些准备，让休闲的心收回来，让大脑回归到即将上课的学科内容上来，使自己进入学习的状态。具体来说，你要做好以下的准备：

（1）态度准备

以什么态度来对待上课，对提高听课质量影响很大。首先是对待学习的态度。一个学生如果对学习不感兴趣，又不明确学习目的，那他就很难会集中注意力，认真思考老师所讲的内容。其次是对学科的态度，对感兴趣的学科就认真听讲，对不感兴趣的学科就应付，那不感兴趣的学科是很难学好的。再次，对老师的态度也会影响听课的质量，自己认为哪个老师课讲得好，就认真听课，认为哪个老师讲得不好，就漫不经心。这样的学习很难使各科成绩均衡发展，到头来，吃亏的是自己。

我们都曾有过这样的经历：碰到一个实在令人讨厌的老师，每次上课都是一种痛苦的折磨，一种时间的浪费。如果还算幸运的话，我们遇到一些令人振奋的老师，他们的课精彩至极，给人留下深刻的印象。

但是，对你来说，最重要的是能在上课的时候学到多少东西。因为再精彩的课堂，你也可能像在糟糕的课堂上那样，很轻易地让时间溜走。你不会因为坏老师教得太差而什么都学不到，也不会因为好老师教得很好，就不用自己付出努力。

学得好不好关键在你自己而不是老师。如果你明白这一点，那么不管什么样的课堂，你都会全力以赴。

（2）知识准备

对上好即将进行的课程做好知识方面的准备，明了即将上什么课，是哪一学科哪一节内容，再回忆一下预习情况，想一想这节课该重点听的内容有哪些。

（3）身体准备

上课要靠大脑来思考问题，因此，大脑的机能状态直接关系到上课的效果。要使大脑处于最佳的机能状态，就要保证有充分的休息。晚上不要开夜车到太晚，要保障充足的睡眠，夏天最好进行午休。

在紧张而少动的课堂学习之前，适当做些体育锻炼，有助于你在课堂上集中注意力。低中等强度的锻炼最为适宜，你可以借此兴奋起来，优化大脑功能。

具体进行什么锻炼则取决于你的个人情况。对不常运动的人来说，快步走就有很好的效果。而对那些经常进行体育锻炼的学生来说，长跑、游泳或有氧健身才能达到满意的效果。但是不要让自己筋疲力尽，这样反而会让你在课堂上昏昏欲睡。

体格健壮的人不宜在高强度的锻炼之后，立即进行课堂学习。

（4）物质准备

把上课用的书、练习本、笔记本和其他学习用具在课前准备好，以免因上课时寻找这些用具而影响听课。

（5）心理准备

对于即将要上的是什么课，要求是什么，要有思想准备，做到心中有数，并以积极的心态投入到即将来临的听课当中。

（6）智慧准备

即要使头脑中的思维活动进入学习状态。

（7）课前不宜做的事情

除了强度太大、令人筋疲力尽的训练以外，还有一些活动也不宜在课前进行：课前吃得过多过饱；浪费课前时光；等着"接受指导"，似乎学习要别人为你完成。

有的同学在课前十分钟看武侠小说或侦探小说，下象棋或围棋，议论外出旅游，或者为了一个问题辩论得面红耳赤……上课铃响了以后，由于上述活动引起的兴奋尚未消失，头脑中往往还在想武侠的打斗，案子的侦破，下棋的胜负……这些"兴奋波"的存在直接干扰了正常的听课，使上课不能集中注意力。

也有不少同学还常常利用课间做作业，这种做法也不可取。做作业引起的"兴奋"，也会在上课时因作业问题而"走神"；再说课间做作业使大脑得不到休息，也不符合用脑健康。

3. 专心听课

有人做过这样的实验：被实验者在注意力高度集中时背课文，只需要读 9 遍就能达到背诵的程度；而同样的课文，在注意力涣散时，竟然读了 100 遍才能记住。可见，专心与学习效率有着非常密切的关系。

实验和教学实践表明，学习成绩好的学生与学习成绩差的学生之间明显的差别之一就是注意力的好坏。学习成绩好的学生，能集中精力听课，独立思考问题，认真做作业。他们在学习时很少受外界干扰，即使有时老师的课讲得并不那么生动，也能自我约束，有意识地组织注意力，不让自己的思想开小差。有些学习落后的同学恰恰相反，他们进课堂后，得几分钟才能平静下来。特别是下课十分钟因某方面事情过于兴奋或做过剧烈活动的学生，人坐在座位上还气喘吁吁，老师讲了半天，他还未进入角色，一堂课前几分钟就耽误了。注意力涣散，不能全神贯注地听讲，时而做小动作，抠耳朵，挖鼻孔，抓抓头皮，时而与同学交头接耳，逗闹一下，有的甚至在上课或复习课时没有精神，打起了瞌睡，老师讲的许多关键点都没听进去。接近下课时，有的学生就坐立不安了，老师到这个时候一般是对本堂课内容作归纳小结，结论性的东西不听，将可能留下概念模糊或推导过程不清的后遗症。如果老师是讲学生容易出现的问题或毛病，不听，将重犯别人犯过的错误；如果老师是对某个难题作提示性指导，不听，课后做练习时，将会多走一些弯路甚至无法下手。

这样浪费宝贵的听课时间，长期下去怎么能不影响学习成绩呢？

要做到专心是很不容易的，最重要的是要克服"走神"，也叫"思想开小差"的毛病。不少学生一方面抱怨学习时间太少，另一方面上课时又因"走神"而把大量的时间浪费掉。怎样才能保持注意力集中，做到专心听讲呢？

（1）对课堂有期待

课堂学习占据了小学阶段的大部分学习时间，如果不充分加以利用，不在教师的指导下提高觉悟，增加知识和提高能力，那就等于浪费了最重要的学习时间。优秀学生的一条重要学习经验是寄希望于课堂，而不是寄希望于"课下"，要通过提高课堂的利用率，来减轻课下的学习负担，提高学习质量。有了这种认识，课上就不容易"走神"了。

一个学习动机端正，学习目的明确，希望通过课堂学习来满足自己强烈求知欲的学生是不容易在上课时"走神"的。

（2）迅速投入学习

两分钟预备铃一响，就要迅速进入积极的学习状态。可以回忆上节课老师讲的内容，也可以回忆预习时的思路和没有解决的问题。由于一上课就想着迫切需要解决的问题，就会积极主动地听讲和思考，"外物"就不易侵入了。

（3）不"因小失大"

上课时，老师总要从一个问题讲到另一个问题。如果第一个问题你没听懂，不要在课上死钻"牛角尖"，而要先记下来，接着往下听讲，不懂的地方留待课下再去钻研，这样就可以保证听课的连续性。假如第一个问题没听懂，就一个劲地想，可老师却不会因为你在思考这个问题而停止讲课，等你从"牛角尖"中醒悟过来时，听课的连续性已经遭到"破坏"，思路也接不上了，造成一步掉队，步步跟不上，整堂课全听不懂的后果。上课时钻"牛角尖"的现象属于注意力不能及时正常转移的"走神"，在学生中比较普遍。为了避免这种现象的出现，同学们上课要紧跟老师的思路，有问题记下来下课再说，保持思维的灵活性。

4. 讲究方法

做任何事都必须讲究方法，听课也不能例外。听课的方法一般有以下几种：

（1）听看结合

大多数学生听课是一边听，一边看。听觉和视觉并用，比只听不抬头看的听课效果要好。听是接受声音信息，看是接受图像信息。又听又看，在通过声音传递来记忆抽象的概念的同时，又可结合图像直观，来强化具体的知识印象。听和看的内容应保持同一性，不能听此视彼，分散听课的注意力。听，一般指听录音、听范读、听提问、听讲解；看，主要是指看板书、看挂图、看荧屏或银幕上的多媒体画面，看教师的教态，如教师的举手投足、神情姿态。因为教师要借助这些板书、画面、手势，化抽象为具体，变繁复为简明，变陌生为熟悉。这种方法，以听为主，以看促听，效果很好。

（2）听想结合

边听边想可以在由被动转化为主动的过程中，逐步加深对知识的认识和理解。只听不想，录音机式的听课，囫囵吞枣，谈不上真正掌握知识，更谈不上培养创造性思维能力。一般可从这些方面去想：教材的重、难点在什么地方，老师为什么这样处理教材，老师讲的自己是否真正懂了，老师讲的与自己想的有什么不同……以想促听，能知其然也能知其所以然。

（3）五官并用

就是说耳、眼、口、手、脑都要动起来，多种感觉器官并用，多种身体部位全部参与听课。用耳听老师讲，听同学发言、提问，不漏听、不错听；用眼看课本、看老师的表情、看板书、看优秀同学的反应；用口说，包括复述、朗读、回答问题；用手做笔记、圈重点、批感想、做练习；用脑积极思维。五官并用，要求听课者全神贯注，灵活地根据课堂情境和老师要求，适时调整听课方法。这种听课方法，是效率最高的听课方法之一。

（4）质疑存疑

"质疑"即提出疑问。古人说："学贵有疑，小疑则小进，大疑则大进。"知识的获得，能力的发展，都是在不断的质疑中实现的。听课时，对经过自己思考过，但未听懂的问题可以及时举手请教。对老师的讲解、同学的回答有不同看法的，也可以提出疑问。

有时，对疑难问题不一定马上打断老师讲课，可以暂时记下来，待下课后再思考或再请教同学、老师。这样做，一是不影响老师的教学计划，也不会因个人纠缠某个问题而耽误大家的时间，还可以促使自己深入钻研问题，养成独立思考的好习惯。

（5）抓住两头

听讲时，要特别注意开头和结尾。因为开头往往起着承上启下的作用，概括上节课的内容，引出本节课的新课题；而结尾，又是一节课的高度概括或总结，但同学们往往容易忽略这"两头"。

刚上课时，一般同学心里还没有安定下来，听不进去，再加上有的学生认为是开场白，没什么用；快下课了，又想着下课的事，什么抢占乒乓球台，抢占篮球场等，心又浮了起来，老师的概括或总结也听不进去了。

有一个优秀生在总结自己的学习经验时，特别指出了上课时不要忽略听老师讲课的开头和结尾。这个看法很有道理，因为同学们正是在这重要的开头和结尾处最容易"走神"。

（6）主动参与

实践证明：凡积极举手发言的学生，学习进步特别快、成绩好。一部分学生只是被动地接受，老师讲学生听，学得很被动。课堂听课，一定要积极参与，主动地学，随老师的教学思路转，面对老师提问的时候，要勇于积极回答问题。

我们提倡的是打开紧闭的门，勇敢地举手发言。只有这样，才能提高你的自信心，才能更好地实现课堂的高效率，才能与老师形成互动。当你与老师的思路合拍的时候，你的上课效率才是百分百。

有的学生担心自己的想法幼稚，得不到老师与同学的认同，会感到不好意思。其实，老师喜欢善于思考的学生，因为你回答问题，表示你已经在认真听课了。任何一个老师都不喜欢唱"独角戏"，就如同一个歌手，表演得再好，没有人回应他，没有人给他掌声，那么他都是失败的。同学们更加佩服勇敢的人，你代表他们说出了他们的想法，他们却没有勇敢地举手发言，表达自己的观点。而且，需要永远记住的是：勇敢的人才会有特别成功的明天。还有一个窍门，当你紧张的时候，克服紧张的方法是立即举手说出你的想法，不要再等下去。往往当你站起来陈述观点的时候，你突然间发现你已经不紧张了，反而你会不自觉地说得井井有条、言之成理了。

记笔记——让你成为学习的主动者

记笔记是学习中十分重要的一个组成部分。笔记记得好，对知识的回顾和复习很有帮助。人的大脑不可能一下子把课堂上老师讲的内容或自己看书的内容及时地大量记住。所以，要先把知识暂时记下来，然后，根据笔记把知识再记在脑子里。记笔记不是为了把知识记在笔记本上，而是让笔记发挥它应有的作用，使知识更有利于进行多次记忆。

但并不是所有学生都会记笔记，有的学生顾了听，就顾不上记；有的光顾着记流水账，思路跟不上趟，不知老师讲的是什么。常有学生向老师提出这样的问题："老师，您让我们课上做笔记，但是您讲得太快了。我记不下来，怎么办呢？"要答这个问题，就要弄明白听课笔记"记什么"和"怎样记"这两个方面。

学生上课，为什么要记笔记？这个问题，许多学生并没有深入思考。有人说，学生上学读书，就是"上课记笔记，下课对笔记，考试背笔记"。这种对笔记的理解是片面的。从表面上看，这三句话似乎说的是事实，有道理，但是从本质上看，笔记的根本作用并不在于此。

学生学习的过程，是接受知识的过程。这个过程的内容就是从学习，经理解，到记忆的过程，记笔记正是促进学习、理解、记忆三方面联结的一条重要途径。一般说来，老师补充的知识、解题思路、学习方法、外来资料上的知识网络、老师对重点难点知识的剖析过程等是记录的要点。

记笔记的方法虽然没有统一的标准，但是从原则上讲还是有章可循的。下面我们看看少年大学生李平记课堂笔记的方法。

李平同学是 1978 年 3 月第一期少年班的学生，那时他才 15 周岁，入学前是初中三年级学生，1981 年在中美联合招收赴美生物化学研究生的考试中以优异成绩被录取。出国之前，李平给低年级同学写了一篇学习体会——《谈谈对笔记的认识》，里面不仅讲了记笔记的重要性，还谈到了记笔记的方法。

李平归纳了两种记笔记的方法：详记和略记。

详记，就是把课堂上讲的知识，尽可能全面地记下来。这种方法适用于政治、语文、生物、部分化学课程。这些课程的特点是：内容比较散，各部分之间的逻辑联系不很强，而且各部分的内容的重要性和分量比较平均，如果记录不完整，容易产生不连贯、不全面、散架子的现象。

略记，就是只记录主要内容，次要内容略去。这样，可以省出时间来思考问题。这种方法适用于数学、物理、部分化学课程等。这些课程的特点是：前后内容紧密联系、逻辑性强，公式方程等各种关系式较多，因而只要掌握关键内容即可，其余问题可由此推出、迎刃而解。至于公式的推导过程更不用详记，只要把推导过程中关键的假设、转移、使用的定理等记下即可。

这两种方法也不是绝对分开的，有时需要两种方法的综合运用。

李平还介绍了他记笔记的经验："许多同学在课堂上，往往是眼看、耳听之后，觉得要记的时候就低下头来记一段。这种记法，容易漏掉一些重要内容。比如：这时候老师擦掉了黑板上刚写出的式子；或者老师这时候讲了重要内容，学生由于忙于低头记而没有听到。所以，采用下面的方法就可以帮助你克服这个缺陷：眼睛始终盯着黑板和老师，耳朵一直听着讲课，头脑里跟着积极思考，一旦感到有值得记下来的内容，就快速记下来。必须注意，这时候不能低头看笔记本，而只是用手做记录，最多眼睛瞟一下笔记本，看是否写在合适的位置上。这样几个器官同时并用，互不影响，效果就好得多。当然，刚开始这样做时会不大习惯，字写得不好。不过，只要坚持一段时间，就会慢慢适应的。"

为了将笔记记得又快又好，可以掌握一些技巧：

（1）不要逐字逐句地记下课堂上老师讲的内容。你记笔记的目的在于学习并记录基本观点与事实，并非每一个词都有用。在任何可能的情况下，都要用自己的语言来记录笔记。只有在必要的时候，才用老师的原话。这种行为只能偶尔为之。在大多数情况下，只要记下关键词就可以了，对要写的东西应该多加斟酌。

（2）尽量在课堂上形成一个思维模式，系统地思考和记录主要观点和主要细节。这个思维模式要适合学习材料的性质并与大脑最优组织材料的最优模式协调一致。而且思维模式不能太死板，要灵活、富有创造性。

（3）你可以在笔记本上随意连线，而不必担心你的笔记是否整洁美观。如果你是按顺序记录讲课内容，那么假如讲课过程中后面出现的内容与前面出现过的内容有紧密的联系，该怎么办？你可以把这两个地方的内容用线和箭头连接起来，或者也可以找到前面的相关内容，把新知识写在页边或页角上，如此要灵活而富有创造性。

（4）**整洁并不重要，但明晰却很重要。**记笔记并不要求字写得很好，语法正确，拼写无误，也不需要有整齐的页边和间距。但是，你所记的笔记必须清楚明白、容易看懂。记的笔记并不一定要井然有序，但每一点之间的关系必须清楚。基本准则是："比较整洁，使得日后能够看懂、容易理解，但也不必过度强调顺序性，以免使你在听课时跟不上老师的步伐，遗漏重要信息。"

（5）可以自创一些速写符号。数理化各门功课中的标准符号、缩写语都可以应用到笔记中去。只是有一点要注意的，自创的符号容易混乱，因此需要课后及时整理，否则时间长了，自己也记不得符号的含义，这笔记就无用了。

（6）课堂笔记本，每一页应当留下 1/4 的宽度空出来，以便随时**补充新的内容。**因为，有时即使是同一内容，每看一次都会有不同的体会和认识，也需要留出空间来填写。

最后，再说说笔记的整理和使用。记笔记并不是为记而记，而是为了使用才记的。有的人记了笔记后就搁在一边，从来不整理、不使用，这样笔记就没多大用途了。

整理笔记是把知识深化、简化和系统化的过程。课堂上随手草记的内容，由于为了争取时间，不影响听课，往往次序失当，轻重不一，缺乏系统性。课下整理的笔记，应当是一个知识的体系。当然，这里说的"体系"并不是固定的，可以是和课本上的知识体系相一致，也可以和老师讲课的体系相一致，还可以是学生自己对知识理解之后所悟出的和前面两个体系不同的体系。

整理笔记时要将笔记补充完整，把课堂上没有记下来的内容补充上，记得不太准确的更正过来。但是，完整并不是烦琐，仍要求简洁，中心突出，内容精炼。

笔记要使用，才能发挥它的功效。因此，应当经常看笔记，温故知新，才不致遗忘。同时，学过的知识是学习新课的基础，有必要经常温习。经过一段新课的学习，自己的认识水平提高了，对问题的认识深刻了，再去温习笔记可以纠正过去笔记中的错误，可以补充新的认识，使记笔记的水平不断提高。

把学过的知识串成珍珠

有人说，智慧不是别的，而是一种组织起来的知识体系。这就是指系统化知识，而形成系统化知识正是复习的中心任务。

只有通过系统复习，才能使这些知识概括化、条理化，真正"串"起来，如同串珍珠般。

有的学生认为：复习嘛，太简单了，一遍又一遍地读，一次又一次地记，只要功夫到了，就会瓜熟蒂落、水到渠成。其实这种"老和尚撞钟式"的复习法是不科学的，单调的复习使人昏昏欲睡，机械的练习往往成为精神负担。要想把学过的知识串成珍珠，只有合理地复习，才能收到事半功倍的效果。

在复习的安排上要注意：

1. 及时复习

艾宾浩斯遗忘曲线告诉我们：遗忘的规律是先快后慢，特别是识记后 48 小时之内遗忘概率最高。所以，不能认为隔几个小时复习和几天复习是一码事，而要及时抓紧复习。复习的时间根据每个人的年龄、知识量等有所区别，但一般不能超过两天。

2. 计划复习

"凡事预则立，不预则废。"复习也是这样，一定要有计划。

计划往往包括两项，一是时间的安排。要有个复习日程表，然后照章办事，当日事当日毕。在两科之间要做间隔休息，散散步，伸伸腰，或者原地跑跑步，以便清醒大脑，消除疲劳。二是内容的分配。首先要适量安排复习，每天的复习内容不能太多，也不能太少，能拼一夜，玩两天。其次要注意材料的性质。最好是文理相间，不要把相类似的学科，如政治、历史安排在一起复习，因为相近的材料会在记忆中产生相互抑制的作用。

在具体复习时，可以按以下的步骤来完成：

1. 过电影

一部好的电影，人们多看几遍，就可能连电影中的台词都能背得出一部分。这是为什么呢？主要是电影中有生动的故事情节，能使人陶醉在它创造的氛围中，达到忘我的境界，甚至进入其中的角色。重复放电影的方法也可以用在我们的学习上，想一想，每天都过电影一样的回忆知识内容，是不是很过瘾？

尝试回忆就是独立地把老师上课的内容回想一遍。具体地说，就是下课后自己考一考自己：今天老师主要讲了几个问题？有哪些已经弄懂了？哪些不懂？哪些不完全懂？

这样做有什么好处呢？

（1）可以及时检查当天听讲的效果。

如果自己能独立地回忆出全部或大部分内容，那就证明自己预习和听讲的效果是好的，也就是在领会的基础上将所学的知识基本上记住了。如果回忆不出来，就应当及时查找原因，以改进预习和听讲。

（2）可以提高记忆力。

由于每回忆一次，都需要把头脑中"贮存"的知识"提取"一回，每"提取"一回，就能使知识强化巩固一遍，这对于提高记忆力自然是有好处的。可见，尝试回忆是一种积极的记忆方法。

（3）能增强看书和整理笔记的针对性。

有个学生在学习总结中说：

"通过回忆，把老师上课讲的在脑子里过一遍，记住的往往是自己已经懂得的部分，那些没记住的就往往证明自己还没有掌握好。"

这话很有道理。实际上，回忆是学习成果或者说知识巩固程度的无声表达。如果你回忆不起来，当然会着急地翻书查笔记，这样不仅提高了看书和整理笔记的积极性，而且增强了看书和整理笔记的针对性，很自然地会把回忆不起来的部分作为看书和整理笔记的重点。

（4）能养成善于动脑思考的习惯。

课后复习时直接看书，要比尝试回忆"省脑筋"，但不容易留下深刻的印象，效果往往不好。而尝试回忆，要追寻思索的过程，概括上课所学的主要内容，一旦想不起来时，就要千方百计地寻找回忆的线索，很费脑筋。一个经常搞尝试回忆的学生，不仅记忆力大增，而且能逐渐养成好动脑筋的习惯。有人说过："人们总是逃避艰苦的思考。"我们一定不要在思考面前做逃兵。

有的同学也抓课后复习，可是复习的方法却像看小说似的把书从头到尾读一遍。读书时一看就明白，但一放下书本就什么也想不起来了。如果离开书就不能独立地把所学的知识回忆出来，就很难做到独立地应用这些知识。从这个意义上讲，课后的尝试回忆，也正是使所学的知识得到进一步巩固的重要方法。

而且，"过电影"回忆方式操作起来灵活、简单，时间和空间的随意性比较大。比如：①可选择下课后上厕所的路上；②可选择在走廊休息的片刻；③可选择在课桌上伏案片刻；④可选择在林荫道上散步之时；⑤可选择在一个十分幽静的环境里；⑥可选择睡觉前。只要你是一个有心人，就可以任意操作。在你回忆时，你可以带一本教材，也可以带一个笔记本，也可什么都不带。这样，一个人每天的学习只要花费一个小时来完成，就能收到非常棒的效果！

2. 阅读

阅读就是围绕复习的中心课题，认真地看书、看笔记、做试卷等。通过阅读使掌握的知识迅速回到原来曾经达到过的水平，在阅读过程中如果发现了不懂的问题要及时弄懂，发现没有记住的知识，要想办法记住。

在阅读时，要注意以下几点：

（1）要以课本为主，围绕课题这个中心。

（2）阅读前，尽量采用尝试回忆的办法，先自己考考自己，看看独立掌握知识的情况。可以拿张草稿纸，在上面把回忆的线索写出来。如果坚持把回忆和阅读结合起来，并坚持多思考，阅读时就会更加专心。

（3）阅读速度要根据对知识掌握的实际水平来决定，不要平均使用力量，凡是学得较好的部分，就可以很快地过一下。掌握得不太好的部分，则要多花点时间，并留下记号，以便在以后学习时提醒自己。

（4）在回忆、阅读和思考的过程中，要随时想着怎么把自己的思考成果用笔记形式固定下来，有了好的想法要随时记下来，作为下一步整理复习笔记的原始材料。因为系统复习的过程比较长，好的想法不随时记下来，复习到后面就可能把前面的忘了，这很可惜。

总之，这个阶段的主要特点是"俯而诚，仰而思"，并以思考为主。阅读和回忆都是为了促进思考，至于下一步制作的复习笔记，就是这一阶段思考的成果。

3. 整理

整理，指整理出系统复习的笔记。

通过艰苦的思索，终于形成了完整而又系统的知识。应当十分珍惜这个学习成果，并及时用复习笔记的形式，把它记录下来，使这些思考的成果可以长久地保存下来。

有了复习笔记，可以使学习保持连续性，再复习时，就可以迅速回到原来曾经达到过的最高水平。以这高水平为起点，可再进行更深一层地学习。这样，复习笔记变成了学习进程中的里程碑，从而保持了学习的连续性，避免学习时一次又一次地简单重复。

有了复习笔记，有助于实现知识由"繁而杂"向"少而精"的转化。不少学生经过一次一次的努力，终于把厚厚的一本书变成了薄薄的几页笔记，把一个复杂的专题变成一张系统表，把容易混淆的概念变成一张比较表，把不易记忆的内容改造为醒目的图示，把复杂的内容变成一张关系图。总之，把书上密密麻麻的文字描述变成各式各样的笔记形式，如果再使用彩色笔就更加醒目了。

有了复习笔记，时常拿出来看看，可以起到提纲挈领、强化记忆的作用。因为一看复习笔记，就能迅速抓住知识的全局、重点、难点以及内在联系，又由于是自己整理的，印象深刻，所以是一份极为难得的"备忘录"。

有了整理复习笔记的愿望，复习起来就会更加专心。因为在掌握知识的基础上，还要进一步考虑怎样把已经形成的"知识之网"用最形象、最简明、最醒目的方式表达出来，这种考虑本身就推动了复习时的思考。没有整理笔记的愿望，系统复习时就容易分心。

整理复习笔记时应当注意些什么问题呢？

（1）复习笔记要能反映知识的系统。应重点把概念和原理的联系和区别反映出来，做到一看复习笔记就可以从整体和全局上把握某个专题知识。换句话说，就是要把"知识之网"展现出来。

（2）复习笔记要力求简明扼要、一目了然。千万不要变成课本的再版或课堂笔记的再现，不要写得密密麻麻一大片。

（3）复习笔记要适合自己使用，具有个人的特点。自己掌握得好、记得牢的地方，笔记上要简单些，甚至只有一两个字表示一下即可。而自己掌握得不好、记得不牢的部分，要详细一些，因为是自己看的，所以还可以用一些符号、简称，使之更加实用。

（4）保存好笔记，以便随时取用。复习笔记既是自己心血劳动的结晶，又是知识的精华，一定要保存好，以便随时取用。这比"贮存"在头脑中更可靠。经过多次使用，到熟记为止。从这个意义上讲，要复习笔记，正是为了最终要复习笔记。学习优秀的同学正是在反复的学习过程中，随着认识的深入，而使笔记越长越精炼，直到抓住了知识的精髓，完全弄懂它为止。

不少优秀学生在考试前，翻翻平时整理好的高度浓缩而又经过学习的复习笔记就行了。他们显得很轻松，这种轻松正是平时努力的结果。

当然，也有一些同学考试前手忙脚乱，面对一大堆书本、笔记，茫然不知所措。这与一些同学平时不搞系统复习，不整理笔记，只靠考前突击有密切关系，因而难免陷入被动的局面。

4. 练习

阅读和整理主要是为了解决知识的深入领会和巩固的问题，当知识系统化以后还该干什么呢？要做一定数量的习题，通过做习题去发现问题。然后再深入地读书钻研、加深领会，继而再做题，这个过程是可以不断深入进行的。不少同学自认为复习得挺好，可是一做题，就知道自己的肤浅了，从而促进了对问题的钻研。

在系统复习时，适当做点习题，可以培养运用知识解决综合问题的能力。因此，每做好一道题之后，要注意回味一下，整理出解题的思路、逻辑关系和划分好题目的类型等，以便举一反三，提高解题效率。

当然，在练习后，还要认真地把自己曾做过的与专题有关的全部习题进行分类整理，这项工作在系统复习的后期进行为好，整理后再做有关习题，会感到容易得多。

5. 熟练

熟练指的是记忆、表达和解题要达到熟练的程度。这就需要按照记忆规律反复记忆，认真练习。对基本概念和原理，对典型的习题要力求达到精益求精的地步。

现在的重大考试，题量都比较大，如果知识的掌握不熟练，在考场上就往往完不成任务。因此，对自己要提出更高的要求，知识不仅要弄懂，还要牢记；不仅要牢记，还要会运用；不仅要会运用，还要能熟练地、高效率地解决问题。当然，根据学科的不同特点，对熟练也有不同的要求，不能一律简单地理解为背得熟，解题快。实验学科的动手操作，也要达到熟练的程度。

科学完成作业任务

一个学生从小学到中学毕业，究竟做过多少作业，好像没有人统计过。如果统计一下的话，那一定是个惊人的数字。例如：中学数学一科，书上的习题就有近5000道之多。尽管做了那么多作业，但仍然有相当一部分学生至今还不清楚做作业的真正目的。

例如，有的学生做作业只是为了应付老师和家长；有的则只是为了逃避批评或图个表扬，这些学生做作业的单纯任务观点很强。在学校里可以经常看到：有的学生一下课就拼命赶着做作业；做不出来时，手忙脚乱地查书，查不到，心里就烦，就发脾气；有的则干脆抄袭别人的作业，而更多的则是与同学对答案。他们的共同特点是急于求成。

如果一个学生没有认识到做作业是掌握知识的必要环节或重要手段，那么，他就很容易把做作业看成是应付家长和老师而不得不进行的苦差事，因而处于被动地位。这种被迫性的学习，很难收到好的学习效果，更不用说从中得到什么乐趣了。

究竟为什么要做作业呢？主要为了及时检查学习的效果。

经过预习、上课、课后复习，知识究竟有没有领会？有没有记住？记到什么程度？知识能否应用？应用的能力有多强？这些学习效果问题，单凭自我感受是不准确的。真正懂没懂，记住没记住，会不会应用，要在做作业时通过对知识的应用才能得到及时的检验。

如果作业做得很顺利，那么，在一定程度上可以说明这两部分知识掌握得不错。相反，则说明这一部分知识没有掌握好，要及时查找原因，进行调整。

除此之外，做作业还能帮助我们加深对所学知识的理解和记忆，提高思维能力，为复习积累资料。

有的学生在回忆考试失败的教训时说，本以为知识已经学懂了，作业可以不做或少做了，因此经常少做作业，甚至不做作业，对自己学习的真实情况缺乏验证和了解，一味地盲目乐观，结果在考试时（实际上是规定时间的独立作业）一败涂地。

不要把作业看作一种负担，草草做完，交上了事，而应该科学完成作业任务。

1. 先复习后做作业

复习是做好作业的关键，只有复习得好，作业才能做得好。做作业前，先把老师这一节课所讲的内容认真地看一看，弄清基本的概念，想一想这一堂课讲了哪些内容、原理、概念？提出了哪些公理、公式？这些定理、公式是怎样得出来的？有何意义和作用？它们之间的关系是什么？特别是对例题要明白、清楚它的典型性解题时用了哪些方法，解题思路是什么，突破口在什么地方，直到全部弄清楚这些问题后再去做作业，作业才能做得既快又正确。

2. 先认真审题

每一道题目都有明确的要求，这是解这道题的原则，不可违背。

如要你归纳课文的中心，你却写了每段的段落大意，虽然付出了很多的劳动，但由于不符合题目的要求，仍然不能算答对。

审题应该审什么呢？首先要明白要你解答什么。如一道应用题："某厂计划用 24 天装订一批书，每天装订 12000 本，实际提前 4 天完成了全部任务，问实际平均每天比原计划多装订多少本？"有些粗心的同学不去仔细审题，就提笔列式做出解答，而没注意到比原计划"多"装订多少本上去。

其次是要明白已知条件是什么，即告诉你的是什么。我们在解题中遇到困难，经常是已知条件没有充分利用上，搞不清已知，也就无法求出未知。如有一道题："一个数是由数字 0 和 8 组成，并且是 15 的倍数，问这个数最小的时候，它是 15 的几倍？"这里"15 的倍数"是已知条件中的关键，15 的倍数肯定是 3 和 5 的倍数，所以要求的数个位数只能是"0"；又因为这个数的各数字之和是 3 的倍数，因此至少有 3 个 8 组成。据此，就可得出这个数最小是 8880，即它是 15 的 592 倍。

最后要搞清未知和已知的联系。学习的一项重要任务就是揭示已知和未知的内在联系，创造未知转化为已知的条件，达到化未知为已知的目的。寻求未知和已知的联系，可以借助作图，也可以借助假设；可以从已知出发寻求与未知的联系；也可以从未知出发，对已知和未知交错分析，逐步找出它们的联系。

3. 细心做题

做题是表达思路的全过程，这个过程要求动脑，关键是要保证规范、准确。要做到这两点就要求抄好题，书写格式必须正确、规范，严格按照各类题的解题要求，仔细演算解题的每一步，得出正确的结果。只要平时做题认真，步骤完整，思路正确，表述严密，准确无误，考试时才能照这种习惯进行。

4. 要独立完成作业

完成作业是学生在课堂学习以后，加深理解学习内容的过程。也是运用知识分析和解决问题的实践过程，是学生学习过程中他人不可替代的重要环节。作业的目的，就是巩固、消化、加深和提高课堂的知识认识，为了达到这个目的，就要求同学们必须有独立做作业的习惯。所谓"独立"，就是亲自动手、自己思考、自己解决和自己完成。

独立完成作业包括：独立复习知识、独立审题思考、独立答题。

5. 认真检查作业

做完作业后认真检查，是保证作业质量的重要手段之一。在作业的过程中，由于种种原因，难免会出现各种各样的漏洞和问题。因此，作业做完之后，一定要做认真检查之后再交上去，这样可有效避免作业中的差错和漏忘。作业检查一般分四步进行：一是检查题目是否抄对；二是审题是否正确；三是运算是否正确；四是方法、思路与步骤是否正确。平时做完题要认真检查，考试时做完题更要认真细致地检查，因为检查是排除和发现错误的重要方法。

6. 做完作业后要耐心思考

作业完成之后，一定要耐心地再思考一遍，想一想做这一道作业题用了哪些概念、原理、公式，这道题和例题有什么关系，和哪些题有联系，有什么特点、规律可循，稍加变化还能变成什么样的题，是否还有其他的解题方法，等等。学会比较归类，概括特点，归纳解法，可以举一反三，触类旁通，对提高作业质量和解题能力大有好处。

比如：对语文翻译文言文的方法，有的学生就总结为六个字："对"（对译）、"换"（替换）、"留"（保留）、"删"（删减）、"补"（补充）、"调"（调整）。又如：初一代数列方程解应用题，有的同学总结出"五步"解题格式：一写"解"和"设"；二写"根据题意得"；三要列出方程式；四解方程；五写答案带单位。照上述方法反复训练，就可以促使作业练习规范化，熟练技能技巧，练好基本功，提高解题能力。

7. 认真分析批改后的作业

老师把作业批改发回来后，一定要尽快翻阅，认真分析，耐心反思。对做对的题目，想一想是采用什么样的思维和方法做对的，以后遇到类似的题能不能触类旁通；对做错的题，要找出做错的原因。做错题一般有三种原因：一是由于慌张、马虎、粗心大意而搞错；二是基础知识没有掌握，弄错了概念、定律、公式等；三是思路不对，小题大做。属于第一种原因，就要警告自己以后做题多加小心；属于第二种原因时，就要在预习、听课和复习上下功夫，牢固掌握所学知识后再去做作业；属于最后一种原因者，就要认真钻研和分析例题，明确解题方法。只有经过分析反思，才能吸取经验教训，避免今后再有类似的错误发生。

8. 及时完成作业

有的同学是因贪玩而拖沓作业；有的同学是对学习无兴趣，不写作业；有的同学是因为能力限制完成作业有困难而延迟作业，无论属于哪些情况，都不能养成拖沓的习惯。当天的学习当天解决，明天还有明天的学习任务，困难只会越积越多。克服作业拖沓的有效方法，就是天天督促和要求自己——当天办完当天的事。

第四章

良好习惯天天见

不良习惯小测试

同一个班的同学，为什么有的同学学习效果比较好，有的学习效果差呢？这里面除智商外，还和学习习惯有关。智商的高低主要是先天因素决定的，而良好的学习习惯可以从后天培养。

学生的不良学习习惯主要表现有以下几种：

（1）不愿动脑筋。有时候，我们满足于学习现成的东西，遇问题不愿多想一想。

（2）不愿做。有的同学，课堂上提问或回答问题的举手率很低，往往除了自己非常喜欢的问题，我们往往认为："别人都知道，我就不必举手了！"

（3）不敢。有一个男生，课堂上从不举手，更不用说向老师提问了。原因是他怕回答错了，同学们笑他。

（4）不会安排、自制力差。有同学的作业往往是在交之前匆忙赶做出来的。

（5）性情急躁，没有耐心和恒心。

（6）作业不认真。这一方面是由于作业量大，或者做作业的时间没抓紧有直接的关系，另一方面是只图完成作业任务，不管作业质量。

如果当你发现在你的学习中，没有比较明显的不良习惯时，那么，我们来帮你把隐藏的、不易被察觉的不良习惯找出来。

请同学们仔细看下面的每一个问题，结合自己的具体情况，想想看，认为符合自己的实际，就在题号后面的括号里打上"√"，不符合的就打"×"，并举例演示。然后问自己：懂了吗？会不会做？好，懂了就从第一题开始做，不要漏题，做好了再检查一遍，50个题是不是都做了，开始。

*1. 上课时，必要的学习用品都带齐了。   （ ）

2. 经常迟到。   （ ）

*3. 总是在前一天备齐学习用品。   （ ）

*4. 课堂上能积极提问或回答问题。   （ ）

5. 上课时，在笔记本上乱写乱画。   （ ）

*6. 能爱护教科书和参考书。   （ ）

*7. 考试答卷写得很认真。   （ ）

*8. 总是在规定的时间和地方学习。   （ ）

9. 学习时有小朋友来找我就跟他去玩。 （ ）

*10. 在书桌前坐下就开始学习。   （ ）

*11. 出声地读课文。   （ ）

*12. 放学回家后马上写作业。   （ ）

*13. 学校学过的功课回家后认真复习。 （ ）

*14. 发回的试卷每次都给家长看。   （ ）

*15. 预习明天的课程。   （ ）

*16. 每天按规定好的时间学习。   （ ）

*17. 对自己不明白的问题有查字典或参考书的习惯。　（　　）

*18. 对自己学得不太好或不喜欢的功课也能努力学。　（　　）

19. 因贪玩占用了学习时间。　（　　）

20. 有一边学习，一边看电视或听收音机的习惯。　（　　）

21. 玩和学习的时间划分得很清楚。　（　　）

22. 起床和睡觉的时间每天都不同。　（　　）

23. 一边学习，一边吃东西。　（　　）

24. 有时会讲"我做了可怕的梦"这样的话。　（　　）

*25. 喜欢开玩笑引人发笑。　（　　）

26. 受到批评后总是闷闷不乐。　（　　）

27. 说过"学习无用"一类的话。　（　　）

28. 学到的知识经验经常忘记。　（　　）

29. 考试分数不好，总放在心上。　（　　）

*30. 班主任在与不在教室时，表现一样。　（　　）

*31. 愿意和老师一起玩。　（　　）

32. 在背后说老师的坏话。　（　　）

*33. 受到哪位老师表扬就喜欢听课。　（　　）

34. 受到哪位老师批评，就不愿听他的课。　（　　）

*35. 喜欢参加运动会、汇报演出等文体活动。　（　　）

36. 常常受到老师的警告。　（　　）

*37. 常常受到老师的表扬。　（　　）

*38. 每周制定自己的生活计划。　（　　）

*39. 每学期开始，能明确提出新的努力目标。　（　　）

*40. 能合理安排寒暑假生活，并认真执行计划。　　（　）

*41. 对自己擅长的功课能更加努力去学。　　（　）

*42. 在学习上能与同学互教互学。　　（　）

*43. 在学习上表现出竞争意识。　　（　）

44. 在背地里讲同学的坏话。　　（　）

*45. 能充分利用图书馆或阅览室的书。　　（　）

46. 不愿在家里学习，常到同学家去学习。　　（　）

*47. 除做功课以外，还喜欢做其他事情。　　（　）

48. 时常感到睡眠不足。　　（　）

49. 允许别的孩子随便动用自己的学习用具。　　（　）

*50. 欢迎家长积极参与学校举行的各种参观、教学及文娱活动。
　　　　　　　　　　　　　　　　　　　　（　）

第1步，请同学们看一下上面这50个题，有的题号前有＊标记，有些题则没有。先看题前有＊标记的题，凡题前有＊标记的题打"√"号的，就在括号旁边写2分，打"×"的给0分，听懂了吗？好，开始评分。评完后看题前没有标记的题，恰好相反，打"√"号的给0分，打"×"的给2分，懂了吗？好，开始评分。最后把所有的分加起来，得出总分。

知道你的学习习惯会排哪一个等级吗？好，马上告诉你——

86～100分为优，说明学习习惯非常好。

71～85分为良，说明学习习惯比较好。

46～70分为中，说明学习习惯一般，需要改进。

31～45分为较差，说明学习习惯需要努力改进。

0 ~ 30分为很差，说明学习习惯需要大力改进。

你知道吗？事实表明获得优和良的同学，平时考试成绩绝大多数都好，说明正确的学习方法和良好学习习惯的重要性。当然学习方法和学习习惯不算太好的同学，学习成绩也有好的，说明他很聪明，有潜力。如果采用正确的学习方法，养成好的学习习惯，他的学习成绩肯定会更好。

凡带有 * 标记的题都属于良好的学习习惯，其余的则属于不良的学习习惯。希望学习习惯很差和较差的同学认真对照检查，尽快改进，养成良好的学习习惯。

那么，具体上我们要怎样培养好的学习习惯呢？

良好学习习惯的培养应当是多层面的。学生良好学习习惯的培养应包括以下几个方面：一是传统学习习惯培养，二是创造性学习习惯的培养，三是合作性学习习惯的培养。

1. 传统学习习惯的培养

我国教育家叶圣陶先生说："教育是什么，往单方面讲，只需一句话，就是要培养良好的习惯。"根据学科本身的特点和学生身心发展的规律，这一层面，主要包括以下内容：

（1）课前预习的习惯。

有效的预习，能提高学习新知识的目的性和针对性，可以提高学习的质量。学科学习，要十分重视学生课前预习习惯的培养。在学习中，一开始可以通过制订预习提纲的方法来进行，以后逐步过渡到只布置预习内容，自己去读书、去发现问题，在课前对新知识有所了解。有些课上没有条件、没有时间做的活动，也可以课前去做。

（ ）习惯。

这 括两方面的意思：一是说课堂上，精力要集中， 作，要认真倾听老师的点拨、指导，要抓住新知 知识的联系，弄清公式、法则的来龙去脉。二是说 的发言，对他人的观点、回答能做出评价和必要

（ ）习惯。

完 基本、最经常的学习实践活动。要求学生从小就养 保持书写清洁的习惯。作业的格式、数字的书写 要规范。②良好的行为习惯。要独立思考，独立完 人对算式和结果，更不要抄袭别人的作业。③认真 习惯。④验算的习惯。

2 培养

这 发展对学生的学习提出了更高的要求，我们必须 培养和创新能力的发展。从某种意义上讲，养成创 比获得了多少知识更重要。这需要从以下几方面

（ 习惯。

对性、有价值的数学问题。质疑问难，是创造性学 重要方面。爱因斯坦说过："提出一个问题，往往比解决一个问题更重要。"问题是学习的心脏。在学习过程中，要逐步培养自己自主探究、积极思考、主动质疑的学习习惯，做到想问、敢问、好问、会问。

（2）手脑结合，注重实践的习惯。

学习中必须重视培养学生动手、动脑、动口的良好习惯，通过看一看、摸一摸、拼一拼、摆一摆、讲一讲来获取新知。例如，在学习"角的初步认识"时，角的大小与两边的长短有没有联系？这个问题我们可以边操作、边观察、边讨论，从而得出正确的结论。养成手脑结合，勤于实践的学习习惯。

（3）良好思维习惯。

学会思考，是我们一生中最有价值的本钱。如一题多解、一题多变、猜想、联想、推理、实验、观察、讨论等活动。培养我们多角度思考和解决问题的习惯，培养思维的多向性和灵活性。问自己能想出不同的方法吗？你还能想到什么？你有独特的见解吗？你能从另一个角度看问题吗？

3. 合作性学习习惯的培养

合作学习是 21 世纪学生学习的一种重要方式，合作学习有利于培养学生的协作精神、团队观念和交流能力，并在思想的碰撞中迸发创新的火花。我们可以课前共同预习、课中合作实验、合作操作、同桌讨论、小组交流等形式合作学习。

跟陋习说再见

学习方法更多的是一种学习习惯,良好的学习习惯使你的学习事半功倍。良好的习惯,也是成才的捷径!

我们要努力与良好的学习习惯做亲密朋友,因为这样做,他们就会帮助我们好多好多忙!所以我们要对陋习说再见。

大家有没有熬夜或通宵温习的经验呢?这当然是迫不得已,但大家也必须知道"睡眠"对学习是何等重要。

时间对每个人都是公平的。一天都是 24 小时,能否有效地利用这些时间,会影响学习成绩的优劣。那些在通宵达旦以"填鸭式"得来的信息,数天内便会从脑袋中消失得无影无踪。

睡眠对牢记事物来说是十分重要的行为。测验前通宵达旦,其实是不利于记忆的,企图削减宝贵的睡眠时间来吸收知识只会弄巧成拙。在能够记忆的范围内、能够理解的范围内切实地记下来便可以了。

尽了力,便睡觉吧!不要太压迫自己,那些被瞌睡虫纠缠,经常迟到的同学,是改变习惯的时候了。

一定不要"钻牛角尖",和自己过不去!

不知大家有没有一种奇怪的经验，便是学习后经过一段短时间，忽然觉得自己进步神速。譬如弹钢琴，之前如何练习也弹奏不来的部分，竟在睡醒后翌日毫不费劲地弹奏出来。又例如，之前怎样学习也理解不到的东西，却会在某天恍然大悟。

没必要一定要在夜里"发愤图强"！

要充分发挥追忆的效果，我们必须在学习后给予脑袋一定的时间。相对于"填鸭式"得来的知识，经过数天后仍能留在脑袋中的知识，才较易为脑袋所利用，因为时间可以让记忆适度地成熟。因此，与其一天读书达 6 小时，倒不如在读书时间中夹杂一些睡眠时间，分为三天，每天读两小时，这样一定会更有效。每天孜孜不倦地逐步学习是十分重要的。

除睡眠外，饮食中的陋习我们也不可以忽视。首先，要拒绝吃对大脑有伤害的食物，例如以下：

白砂糖可以消耗我们身体里的钙、镁、铬等营养元素，还可以让血液里的血糖含量不均衡。很多人不知道，可乐、汽水都含有白砂糖，在一听 300 毫升的可乐中，大约有 8 克白砂糖。因此，喝过多的可乐或汽水，对身体没什么好处。

常吃路边小摊上卖的一些油炸食品，对身体也有害，因为使用的油严重氧化。不仅是脑细胞，构成我们身体的细胞都被不饱和脂肪酸包围着，氧化的脂肪会攻击我们的脑细胞，让我们的大脑"生锈"。

爱吃零食的同学，比较容易生病。

身体健康出了问题，就没法正常学习，注意力不容易集中，学习的成绩自然也不会好。

速食产品、加工食品、过期食品、碳酸饮料等，都会造成营养的不均衡，对我们的身体和大脑产生损害。

所以，大家应该多吃那些对大脑和身体有好处的自然食品。例如，芝麻、豆类、核桃等食品。还有，如果身体缺钙，也容易变得敏感和神经质，精神也难以集中，这时候应多吃牛奶等食品。只有这样，才能拥有一个健康强壮的身体，也才能有充足的精力去学习。

"细心"架起成功的彩桥

一个细心的孩子，大家都会喜欢，而且，现在的细心将来都会有所回报！

道尔顿是英国著名的化学家，是"原子学说"的创始人，也是世界上首次发现色盲现象的人。道尔顿出生在一个农民家里，由于家境贫寒，他没有受过正规教育。后来他结识了一个叫约翰·顾的盲人，这个盲人很有学问，道尔顿就拜他为师，虚心求教。经过多年的勤奋努力，道尔顿学到了许多关于数学、哲学以及拉丁文、希腊文的知识。

与牛顿一样，细心钻研、深入探索各种奇特的自然现象，也是道尔顿在学习上的一大特点。他不轻易相信书本上的一些理论，对前人的知识，他要经过独立思考和实验证实之后才吸收。他还善于抓住观察到的现象查找原因，这使他发现了色盲现象。在道尔顿28岁那年，母亲过生日，他买了一双袜子作为生日礼物送给母亲。母亲接过来一看，笑着说："傻孩子，我这么大年纪，怎么能穿这样的红袜子呀？"

道尔顿觉得不对劲，袜子明明是灰色的，母亲怎么说是红色的？

道尔顿感到非常奇怪，为什么自己看是灰色的，而别人看是红色的？这种现象吸引了他，他没有轻易放过，而是对这种现象做了仔细地观察研究。他发现很多人都存在这种色盲现象，也就是说，色盲是一种常见的病理现象。接着，他又对造成色盲的病理原因进行了深入的研究。

从日常生活中细微的小事中发现问题，并通过探索做出科学的解释，是许多科学家获得成功的入口。我们要有一双善于观察的眼睛和勤于思考的头脑，细心地关注我们的身边，才能有所发现、有所创新。

如果你足够仔细，你会发现对于我们的学习来说，漫画都可以帮助我们养成爱读书的好习惯。首先，我们要明白一个问题，为什么爸爸妈妈不让我们看漫画呢？因为大多数同学看漫画时根本不动脑子，只是一页一页地翻着。有些同学看名著和传记时，几个小时也翻不了几页，看漫画却可以在几分钟之内就翻完一本。这根本就不是在培养读书的习惯，纯粹是浪费时间。

即使看漫画时，也不要头脑空空，只看图片，应该养成边读边思考的习惯。那么从现在开始，打开漫画不要只看图，把更多的注意力放在内容上吧。看完后用三四十个字概括一下整本书的内容，再讲给自己或者其他朋友听。

这样看一本漫画书，虽然不像以前那么轻松，却可以迅速提高我们的阅读能力，在我们与成功之间搭起一座彩桥！

把惰性踢出门外

没有任何一个人的能力是在懒惰上建立的。大家都知道：有一种"电视痴"，得了这种病的人，一天只想着电视，都上瘾了，严重的甚至已经不想再做别的事，每天都坐在电视机前，这样怎么会有好成绩呢？所以，我们要向古往今来勤奋的人学习，把惰性踢出门外。

不想当将军的士兵，不是好士兵。对于我们熟悉的伟人拿破仑来说，他毕生的追求是在军事上有所建树，他集中了全部的精力，终于所向披靡。

拿破仑在小的时候是一个大脑袋、身材矮小、皮肤黝黑的孩子，他在学校的学习成绩也不好。拿破仑 10 岁时进入一所公费的布里恩那军校学习，5 年的军事生活是他人生的转折点，在这里他确定了一生的目标——军事和政治。他以优异的成绩被选送到巴黎军官学校，还没有毕业，他就迫不及待地参军做了一名军人。

军队生活更加激发了他身上的军事潜能，他痴迷于军事政治，善于钻研军事理论，被驻扎在朗斯城的拉费尔团长任命为炮兵少尉，加之他的英勇善战，很快被提升为上尉。这更激起了他对军事学的兴趣，他废寝忘食地博览群书，做笔记、写心得，利用一切时间学习，下决心专攻军事学，并读了大量有关军事的书。

部队开赴到哪里，他就把要读的书带到哪里。一有空闲时间，他就认真学习。对18世纪军事家所重视的一些军事著作，他都读遍，并写了一篇《论炸弹的投掷》的弹道学论文。

他全身心地投入到钻研军事理论之中，他空前的热情使其才智得到了极大的发挥。他的一切欲望完全服从于他的理性目标。他躲避交际，不去娱乐，不知疲倦地工作，工作之余手不释卷。

他说："如果说，看起来我经常对一切胸有成竹，那是因为我在做一件事以前早已考虑很久了。我能预见到可能发生的事情，能在别人猝不及防的情况下，知道自己应该说什么话和采取什么行动。这完全不是冥冥之中有什么天才对我突然启示，而是我的思考对我的启示。我总是在工作、吃饭的时候，夜里醒来的时候思考。"

土伦战役是拿破仑参加指挥的第一个战役，这一仗，他初露锋芒，一举成名。他在战役中所表现出来的军事天才，使一些高级将领为之折服。

之后，拿破仑在敌我双方力量悬殊的情况下，采用集中优势兵力，各个击破的战术，在首战告捷歼敌万人的基础上，乘胜追击，不给敌人片刻喘息的机会，接连打了6个胜仗。他曾在3周的时间里，把18万多人的部队从英吉利海峡开到多瑙河，而且做到没有一个病号，没有一个掉队。

拿破仑说过，军事艺术就在于善于使军队"宿营时化整为零，作战时化零为整"。

他的军事才能，使他由一名少尉军官，很快升到了将军，最后掌握了国家政权，任法兰西共和国第一执政和法国皇帝。

　　他在一生中，指挥过近 60 次战役。他善于灵活运用战略战术，深谙"兵贵神速"的道理。在与敌军的对垒中，他常常能以少胜多，以弱胜强，后人称他为"军事艺术巨匠"。

　　朋友们，还等什么，用力一脚，把惰性踢出门外，把我们心爱的书抱在面前，关上电视机和游戏机，开始认认真真学习吧！

滚动的力量

给皮球一点推力它就能随地滚动，可是当它停下来的时候，就需要靠外力来推动它，才能使它重新获得力量，才能够继续前行。

其实我们的学习也是这样，当你停止不前的时候，再靠外力去助推是非常困难的。只有不停地滚动，让知识的球越滚越大，知识结构就会越来越完备，这样力量越大，就不会轻易停止。而且，学习是不可以停止的，学习如同逆水行舟，不进则退。我们不能随意放低对自己的要求，当我们突然松懈的时候，再次努力，需要付出双倍的劳动才能够追赶上自己以前的水平，所以，我们要有持之以恒的毅力来学习。

有这样一个故事：

一个旅人路过一个池塘，它看到一位满头银发的老婆婆坐在池塘前，用一枚挖耳勺把池塘里的水舀到她身后的大海里，一次又一次不间断地重复着同样的动作。

旅人惊奇地问："老婆婆，你做这件事已经多少年了？"

"不知道，从我记事起就开始了。"

旅人惊讶极了，他用怜悯的眼光看着这位行为古怪的老人，并劝说她："你是永远也无法舀干这池塘里的水的。"

老婆婆仍然没有停下手中的活，连头也没抬："但是这个池塘以前连着我身后的大海……"

所以，我们要学会坚持，学习开始的时候做好坚持的心理准备吧！

慢速度学习

你学习的速度是不是特别快呢？是不是预习课文的时候，飞速浏览，或者复习的时候，一节课的时间就可以把半个学期的知识全部复习完呢？或者你平常阅读的速度也是奇快，一小时可以看100多页书呢？那么你应该放慢速度来学习。

因为学习是需要有认真的态度的，只有放慢速度，你才有足够的时间来思考，才有足够的时间将知识消化吸收。

知识的理解是一个漫长的过程，有的人用一生的时间，推出一条真理，而且三言两语无法穷尽。所以，看书的时候，我们不妨多给自己一点时间，把书本合上去，多动脑想一想，尝试记忆，合上书本的时候你能记住多少？用自己的话语来表达一下。只有这样，你才会知道自己是接受了多少知识，而不仅仅是看了多少书。

我们看书包括预习课本的时候，一个问题多从不同的角度来提出，从不同的角度来解答，这样才能开阔自己的思路，有效地学习。

学习中数量是重要的，但是必须要有质量来做保证，否则做得再多也是无用功，而且浪费了宝贵的时间，还可能造成轻视学习的心理，导致学习成绩的下滑。所以，对学习态度，我们要的是投入与深入；对学习速度，我们可以放慢，重要的是我们要从中得到启发，要从中受益。

　　改掉你在学习上的急性子吧，多注意吸收知识。

日记是你最亲密的朋友

你爱写日记吗？是不是每天晚上写完作业后，都会悄悄地拿出自己心爱的日记本，写下今天一天发生的好多事情呢？但是有时候，老师出的题目，你会不会认真完成呢？你会不会认为日记里都是自己的小秘密，不能给别人看到呢？

目前，大家还不具备自由表达想法的能力，不太容易养成每天写日记的习惯。老师让大家写，是为了培养我们的写作和表达能力。

日记是对自己的反省和检查。坚持每天写日记确实不太容易，不过，只要下决心坚持一段时间，慢慢就养成习惯了。小时候养成的习惯，不管是好是坏，常会伴你一生。如果从小养成写日记的好习惯，今后它将成为一笔巨大的财富。

从今天开始，每天睡前写一点日记吧。回想今天都发生了什么，反省自己做错了什么、做好了什么，再考虑一下明天，明天将又是一个美好的日子。养成这样每天思考的习惯，对成长是非常有帮助的。

日记是你最亲密的朋友，所有的开心的、不开心的文字就是一瓣瓣的花朵，从内心出发，通过抒写，又重新落到我们的肩头，美丽而温存。

最重要的是，不要间断，坚持每天写。写日记不一定要长篇大论，哪怕只有几行，也要把每天的感受记录下来。

养成写日记的习惯以后，思考能力和写作能力会在不知不觉中得到提高，而且会给大家带来很多快乐。

改变你书房的风格

你的书房是什么样的风格呢？

除了有很多很多的书，有没有其他的挂饰呢？或者还会在桌子上放上一个小鱼缸，养几只小乌龟呢？

这样做究竟好不好？

其实，装饰物太多，以及可以观察的东西太多，无形中会分散你学习的注意力，导致学习和写作业时不专心。

我们建议你的书房以暖色调为主，书房简洁风格最好，书桌上除了必要的学习用品，其他东西不要摆放太多。该放到装饰柜的东西就把它们全部送回去好了。只要能专心地学习，不会使你分心的简洁设计永远是最适合你的书房。

书房的颜色和灯光也是提高学习效率的重要因素。在一个昏暗的地方学习，眼睛很容易感到疲劳，长时间会导致视力下降，甚至更严重。

读书学习时，40 到 300 勒克斯都是比较合适的亮度。另外，与直接照明相比，通过天花板或墙壁反射的间接照明可以减轻疲劳。

也不要在晚上学习的时候总开台灯，强光照射，容易使眼睛疲劳。尤其是对于我们青少年来说，我们的学习赢在方法，而不是以牺牲眼睛为代价，不是吗？

学习累了的时候，也不要总待在书房里，可以走出书房，呼吸一下屋外的清新的空气，也可以更好地提高学习效率。

每天多问几个"为什么"

学贵存疑，疑后问，问后知，人的大脑只有在"问"中才处于兴奋状态。学习过程实质上就是提出问题、分析问题、解决问题的过程。

1. 读书学习要生疑

这里说的"生疑"是指及时地提出一个为什么，加强对知识的理解，才会挖掘更深的深度。

剑桥大学著名教授卢瑟福曾看到一个学生深夜还在做实验，就问他："上午你在做什么？"学生回答："做实验。"卢瑟福又问："下午做什么？"学生回答："做实验。""那么晚上呢？""做实验。"最后，卢瑟福问："那么你什么时候思考呢？"后来，卢瑟福就在剑桥大学物理实验室的醒目处贴上了那句名言："别忘了思考！"

如果把书籍比作含金的矿石，要想提炼出黄金，创造出新的知识财富，就必须掌握善于思考的"点金术"。一边读书一边思考，可以养成随时思考的习惯。学思结合，可以避免漏掉重要的知识，收到循序渐进、步步深入的效果。

2. 读书学习要设疑

鲁迅先生之所以常有独到的见解，是因为他从来不满足于现成的结论，遇事喜欢问一个"为什么"。他在"五四"时期发出的第一声呐喊就是："从来如此，便对吗？"正是从这个令人震惊的"问号"出发，他破除了几千年"从来如此"的传统观念，揭开了"吃人"——这个封建社会的秘密。

有人曾评价说，鲁迅的成功，归结于他伟大的怀疑精神。这在某种意义上说是不无道理的，然而，鲁迅的可贵之处还在于以怀疑和探索为起点，而以摒弃谬误、俯首于真理为归宿。

设疑主要是问"为什么"。

学习过程中，往往是这样：读过一本书不懂其中的深奥，学过一些公式、定理，解决难题时却不知所措，一些问题百思不得其解。这些问题是学习的开端，能不能提出疑问来，决定着下一步的深入学习。

明代名医李时珍在为人治病时，发现医书上记载的草药含糊不清，他不止一次地问："这种草到底是什么？"这个疑问促使他开始几十年的实地考察，最后写出了著名的《本草纲目》。

伟大的发现都归因于逢事问"为什么"。对于已知的知识，如果提不出有价值的问题，就不会发现未知的新知识。古人云："疑者，觉悟之机也。一番觉悟，一番进步。小疑则小进，大疑则大进，无疑则不进。"

许多名人的成功都是从问"为什么"开始的。牛顿的"苹果为什么落地"，造就了著名的"万有引力定律"；爱迪生的"母鸡为什么能孵蛋"，引出了一个伟大的发明家。

我们的学习也需要善于提出问题。很多自己费九牛二虎之力也抠不出来的东西，一问便可能豁然开朗。问老师，就相当于获得了一次单独辅导的机会，老师会根据你的情况讲得深刻细致；问同学，可以开阔思路，并且大家的思维方式相近，更便于理解；问自己，可以使自己思考得更深更远，便于知识的牢固掌握。更重要的是，只有在深思中才能发现问题，所以提问是思考的结果，又是进一步深入思考的开端。

在平时的学习过程中，我们每天都会遇到许多新的问题，对待这些问题有两种态度：一是遇到问题不及时解决，久而久之就会变得"视而不见""听而不闻"了。二是遇到问题及时向老师请教，或者查阅有关书籍与工具书，变"不知"为"已知"。这样，每天解决一个问题，虽不能说"大有长进"，至少也能做到"日有所进"。

3. 读书学习要解疑

学起于思，思源于疑；有疑才有所思，有思才有所深究。人们的知识和智慧就是在从无疑到有疑，再从有疑到无疑中不断增长的。教育家陶行知说："发明千千万，起点是一问。禽兽不如人，过在不会问。智者问得巧，愚者问得笨。人力胜天工，只在每事问。"

全神贯注最可爱

有一种最可爱的表情,你们知道是哪一种表情吗?

是全神贯注!上课时当你目光专一,专心致志的时候,你就是老师、家长、同学们眼中最可爱的。

先说一下"慧眼"的故事:

梅兰芳是中国著名的京剧艺术大师,但他高深的造诣也不是天赋的。他年轻学唱京剧时,曾拜一位威望极高的老艺人为师,老艺人教他如何用眼神表达内心的活动,可是无论梅兰芳怎么努力也学不会,眼球不听使唤,目光也缺乏生气。老艺人失望了,说梅兰芳长了双"死鱼眼睛",没有学表演的素质,没有培养的必要,拒绝收他为徒。

这件事给梅兰芳很大的打击,但他并没有灰心。相反,他下决心勤学苦练,他相信只要用心专一,持之以恒,总有一天会练好的,从此他的目标就是练眼神。

为了训练目光专一,他用鸽子、金鱼来帮助练习。他把鸽子放飞,然后两眼紧紧追逐飞翔的鸽子;俯视水中游动的金鱼,跟踪寻迹,紧追不舍。寒来暑往,经过长时间的刻苦锻炼,他的双目转动自如,似流星,似闪电。他决定登台献技,还特意邀请那位老艺人前来观看演出。

帷幕徐徐拉开，在老艺人面前出现的梅兰芳再不是"死鱼般的眼睛"，而是一双明眸善睐、顾盼生辉的"慧眼"。

一位雄心勃勃的青年向一位智慧老人请教"成功秘籍"。智慧老人说："要成功很简单，你要同你的对手打拼、竞争。这些人都是很优秀的人，但他们都有一个通病，就是自命不凡、聪明绝顶、万事通，做事绝不专心一意，要打赢他们并不困难。"智慧老人顺手拿起一支铅笔，把平的一头插在青年的手臂上，问青年感觉怎样，青年说："不痛。"智慧老人突然把铅笔头掉转过来，把尖的一头刺向青年，青年痛得大声叫喊。智慧老人说："这就是'成功秘籍'。你把所有的精力、资源集中为一点，就无坚不摧了，明白了吗？"青年说："明白了。"几年以后，青年终于闯出了一番大事业。

如果人的精力有 10 分，把它分成 10 份去做 10 件不同的事，那么每做一件事你只能用一分的精力。一分的精力能做成什么大事呢？只能是一事无成。如果你把 10 分的精力聚集在一起，那么它就是一把锐利的钻头，无坚不摧，无往不胜。

兵书上说："夫五指之更弹，不如卷手之一挃；万人之更进，不如百人之俱至也。"意思是说：五个手指头轮番敲打，不如握紧拳头猛力一击；一万个人轮番进攻，不如一百个人同时动手。在对付学习中的困难时，集中原则也是十分有效的。

一个自学英语的青年发现学好外语，首先要掌握词汇、语法和阅读大量书籍。于是他首先把词汇作为学习英语的突破口。在学习词汇的过程中，他又从出现频率最高、含义最丰富、用途最广的基本词汇入手。如果记住了基本词汇，再扩展一些一般词汇和专业术语，又弄懂了语法，就可以迅速进入阅读专业书籍的阶段。因此，他每拿一本简单外文读物时，首先就背后面的词汇表，后来发展到背辞典。他先后学了几十本各类小辞典，掌握了大量的词汇，为学好英语奠定了基础。

集中原则可以运用到学习的各个方面。你的精力可以集中起来，用于一项内容的学习；你的时间可以集中起来，专攻某一方面内容；你的知识可以集中起来，形成一个合理的知识结构。你还可以在一定的时间内，把积累起来的资料归类，从中发现新的信息、新的知识。你可以集中突击所需要的东西，以进行某项研究或参加考试。

这时你会发现，我们的知识几乎都是在集中下获得的。几天读完一本书，几个月学完一门课程，几个星期学会一个方法等。也许你以往没有注意到，而当你有意识地去集中时，你的战果一定更加辉煌。

尤其是在学习的过程中，要具备的第一个要素就是集中注意力，它是记忆的基础、理解的基础、掌握和运用知识的基础。你是否有这样的经验，如果在学习中不能全神贯注，你只能看到书上的字，却无法把握它的内涵；你只能听到老师的声音，却不知道老师讲的是什么，就是所谓"左耳朵进，右耳朵出"。心猿意马、漫无目的地学习，将一无所获。很多学习成绩差的学生，老师的第一个评语就是：注意力不集中，上课爱做小动作。而在学习上专心致志的学生大多数能取得好的成绩。

再给讲几个小故事——

1. 专心致志的居里夫人

居里夫人似乎天生具有惊人的记忆力，无论多么难懂的课文，只要她念过两遍，就能准确地背诵。她周围的人都觉得难以置信，总怀疑她事先就已经背熟了，但实际上，居里夫人的过目不忘，要归功于她惊人的注意力。

少年时期的居里夫人读书专心致志是有名的，她的专注甚至到了让人难以置信的地步。只要她一拿起书，她就成了一尊雕像，除眼珠的转动外，全身各处绝不会有丝毫动静，仿佛她已完全融入了书本中，周围的一切，连同她自己都不存在了。她的姐妹们都认为这是一种怪癖，每当她看书时，姐妹们就挖空心思要转移她的注意力。有时她们故意说些有趣的故事，有时又唱又跳，在她身边做游戏……但是，这些骚扰没有一次能成功地转移她的注意力，她甚至连眼皮都不抬。

有一次，姐妹们将屋子里所有的椅子都收集起来，然后开始在她身边搭起椅子"积木"。她们摆好了第一层椅子后，又放两把椅子上去做第二层。这时椅子"积木"已经很危险了，因为椅子是斜着放上去的，为的是尽量把它堆得易于坠落。接着又放一把椅子上去做第三层。这时只要坐在椅子"积木"中的人稍微一动，椅子就会轰然倒塌。

然而无论是摇摇欲坠的椅子，还是姐妹们故意夸张的说笑，都不能让她从书本中分神出来，时间一分一秒过去了，她依旧纹丝不动地坐在一大堆椅子中，把头埋在书本中。小姐妹们都等得不耐烦了，看着她专注的神情，怀疑她是用特殊材料制成的。

一个小时过去了，她终于读完了一章。她合上书，刚抬起头，椅子轰的倒塌了。她没有生气，也没有吃惊，只是带着一种从梦幻中醒来的神情，拿着书走出去，找另一本书去了。

2. 专心采金的罗斯金

被誉为"美的使者"的英国作家约翰·罗斯金，毕业于牛津大学，曾任牛津大学美术教授。他的主要作品有《现代画家》《建筑的七盏灯》，还有散文《时至今日》《芝麻与百合》等。

他把自己的学习称为"采金冶炼"，他的目标就是要得到书里的金子。在学习之前，他要心平气和，排除一切干扰和杂念，心中只有眼前的一本书，这样才能保证不放过一粒金子；工具要在身边准备好，有纸、笔、字典、辞典等，放在随手可以拿到的地方，以避免到处寻找，分散精力。学习时，他要认真仔细地研究每一个字、词、句的确切含义，要常常提出问题，举一反三。

罗斯金说："打开一本好书之前，你必须对自己提出几个问题：我是否能像澳大利亚的采掘工一样肯吃苦耐劳？我的锄头铁铲是否有用？我的思想是否已经准备充分？我的袖子是否已卷得高高的？另外，力气和心情是否正常？如果这些回答都是肯定的，你就是一把采金的钻头了，你就一定能采到你的金子。金子就是那位作者的思想或意思，他的文句便是你为了寻找金子所必须捣碎和冶炼的矿石。你的丁字镐便是自己的辛苦、聪明与知识，你的熔炉便是你那探索事物的心智。你要把你的工具和炉火用注意力集中起来，让它们利而再利，精而再精，才有可能得到一粒金子。"

如果每一次学习，我们的目标都是要采到"金子"，那么还有什么能分散我们的注意力呢？有了采"金"的目标，你就会有"金子"般的收获。

第五章

开展互助的群体合作

你知道性格与学习的关系吗

不知道你是否曾经意识到：自己的性格与你的学习也是存在一定关系的。

如果你的性格外向，那么，你可以与老师做朋友，平常朋友也很多，对于学习中的沟通交流都是大有裨益的。

但是，外向性格的人难免不拘小节，因而在学习过程中，往往粗心大意，有时候，在考试卷中还会因马虎做错很多题，导致学习不扎实、考试失利。

内向性格的同学，善于思考，情绪稳定，制定好学习计划就认真执行，但思维又比较保守，有时会产生自卑情绪。在学习上你要加强自信心和主动性，提高学习热情，加强思维敏捷性训练。送你个好方法，你可以每天对着镜子大声说："我是最棒的，最棒的我今天很快乐，很快乐！我要对每个人大声说话，开口微笑！"坚持几个月试试，你就会发现自己把外向型性格的优点吸收过来了！

有人通过问卷调查，归纳出学生的六种学习方式都与学生的性格特征有关，请看你是哪种类型？

（1）竞争型。这类学生的学习是为了表现自己比班上其他人学得更好，把课堂视为决定胜负的场所。他们注意分数和教师的奖励，希望在与其他学生的竞争中获胜。

（2）协作型。这类学生喜欢与同伴和教师合作，把课堂看作学习社交的场所。他们愿意同其他同学交换意见，也乐意帮助别人。

（3）回避型。这类学生对课堂学习和班里发生的事不感兴趣，不愿意参与课堂上的师生互动。

（4）参与型。这类学生对课程内容和上课感兴趣，喜欢参加班级的教学活动和课外活动。

（5）依赖型。这类学生只想学习老师布置的内容，对知识缺少好奇，总指望老师或别人指导和告诉他做这做那。

（6）独立型。这类学生喜欢自己独立思考，自己独立完成学习任务，学习自己认为重要的内容，但也愿意听取别人的意见和想法。

学生的性格特征和学习效果存在着相互影响，良好的性格特征有助于学业成功；而学习上的成功又能增强学生的信心，使其得到情感上的满足，产生良好的心境，并提高对未来的学习志向水平，更加勤奋地学习，进而促进开朗、乐观和积极进取的性格发展。反之，学习常常失败，必然产生消极、颓丧、恐惧、退缩、羞愧等情绪，久而久之，会加强消沉、悲观、自卑、厌世等不良性格特征。正如爱因斯坦所说："智力上的成就依赖于性格上的伟大。"因此我们必须注意处理性格与学习成就二者的辩证关系，在学习过程中，根据自己的性格取长补短，争取自己"两性兼备"，具有良好的个人性格，使我们的学习既轻松主动，又做到稳重扎实，成功就会在前方等你！

向"高分"取经

有人说:"假如我们每个人,不是从 1 岁向 80 岁去生活,假如时间的顺序可以颠倒,每个人都从 80 岁向 1 岁来生活,那么,我们这个世界上可能有 1/2 的人可以成为伟人。"

按照这句话的意思,是不是可以这样说:如果每一个人可以上两次学,那么一半以上的人可以成为优秀生。为什么这么说呢?因为在第二次上学时,可以充分运用在第一次上学时得到的经验,牢牢记住过去的失败教训,这样学习的效果自然会好得多,优秀生也就自然会多起来。

不过,这只是一种设想,道理上是对的,但在实际生活中不可能这样去做。现实的情况是我们只能经历一次学校的学习,那么怎么办呢?最现实的办法就是借鉴他人的学习经验。我们常说:"一个篱笆三个桩,一个好汉三个帮。"帮助我们学习的"好汉"是谁呢?这个"好汉"就是同学。具体说就是要做到多向优秀生请教,这是一条捷径。因为我们了解了人家用时间和心血换来的成功经验和失败教训后,就可以少走弯路,使自己的学习建立在科学的基础上,建立在人家成功经验的基础上。要善于"站在巨人的肩上",使自己有一个比较高的学习起点。不少优秀生就是这么做的，这也正是他们的聪明之处。

不少学生为了钻研一道习题，可以不惜拿出整整一个晚上的时间，但是却舍不得拿出一点时间来学习和研究一点学习本身的规律，舍不得拿出一点时间来寻找打开知识宝库的金钥匙。好书、名师、优秀生就在身边，却从来没意识到。

这不由得使人们想起这样一段话："生活中经常有这样的事，前人用自己亲身经历得出的深刻教训，往往不被后来者重视，当后来者用自己的经历再一次得到这种教训时，自己又一次尝到了生活的苦果。"对一个只能经历一次中学生活的学生来说，由于缺乏实践，学习不可能一帆风顺。因此，要想使自己成功的把握大一些，就要善于学习他人的经验。单靠自己瞎摸乱闯，只能说是一种笨法子。

此外，还要善于在学习的过程中，不断地检查自己的学习效果，分析成功与失败的原因，带着学习中的问题去请教书本、请教老师和同学，以便采取有针对性的措施。学习时从不回头看一看、想一想，不及时地做一些调整，是很难把学习搞好的。

总之，单靠盲目地学习实践，不善于接受指导，不善于及时检查学习效果，分析成败原因，对于一个缺乏学习经验的学生来讲，就难以改变自己被动的学习局面。结果，有可能天天在"努力"重复自己的错误，甚至可能使自己学习上存在的问题越来越严重。

孔子说："三人行，必有我师焉。"伟人谦虚的美德启迪人们：你可以在任何人身上学到你所没有的东西。

早期教育理论家杨贤江，在 20 世纪 50 年代就提倡设"读书会"

以帮助学生互相交流。他认为学习重要的工具是书籍。但是，一个人的书籍有限，一个人的见解有限，要有一个相互学习和交流的组织。他在《自学的成功》一文中说："我主张学生分类组织读书会，内容可分为书籍流通部、研究部、指导部等，请学业优秀的学生或热心的教师为指导员……由几个人同读一本书，读完之后择期聚会，相互交流读书心得。交流者可互相参证，听者也可以在短时间内领略一部书的内容。照此方法，比以前学校内的学科研究会，光听教师的说教，是大有益处的……"

毛泽东常对人讲，"学问"二字连成一个名词，是很有意义的。我们不但要好学，而且要好问。他在读书、看报、听讲时，遇到疑难问题总要记下来，随时向别人请教。他常常向老师徐特立请教，也常向一些素不相识的人请教，有时还写信向北京、上海等地有名望的学者请教。在毛泽东的老师当年的日记中，就多次记述了毛泽东好学好问、登门求教的情景。

俗话说，学问，学问，又学又问。读书学习，既要学也要问。

与老师做好朋友

多数学生都有这样的体会：与哪个老师关系比较融洽，喜欢上哪门课，哪门成绩就好；与哪个老师关系不和谐，就不喜欢哪门课，自然，这门课的成绩也不好。这说明：处理好和老师的关系，对提高自己的成绩很重要。

你的老师严肃吗？见到他的时候你是不是很紧张，不敢和老师接近？其实，我们在学习过程中很重要的是要和老师做朋友，每天都多注意和老师沟通，把自己的疑惑和老师沟通，甚至学习以外的问题也可以和老师沟通。老师就如同你的父母，学习上的任何困难她都可以帮你解决，你的学习的每一个进步，老师都会为你感到高兴。

想一想：我们从小到大，是谁教给我们那么多知识，给我们讲那么多生动有趣的故事？是谁可以和我们一起关注我们的学习成绩？老师的严格要求是为了帮助我们更好地学习，提高我们的学习成绩。所以我们有什么问题老师都会帮助我们的，请你与你的老师做朋友吧，你不懂的问题，提出来吧，老师绝对不会说你笨的，她会为你的努力学习而感到高兴的。你也可以把你的思考与老师一起分享，错误的会得到更正，正确的，你将得到老师的赞赏。长此以往，你也会得到不断的进步与提高。

上课回答问题的时候，老师就是你的朋友，面对她，你还会紧张吗？而且你放心，老师也不会徒增你的学习压力，她更了解你的学习情况在班级中排到什么样的水平。让老师帮你制定一个计划，将有助于你循序渐进，一步一步按计划进行，取得成功。

我们可以看一下成绩突飞猛进的小文的日记："假如我是花儿，老师就是蜜蜂，不管花儿开得多烂漫，只有辛勤的蜜蜂才能把花粉提炼成清甜的花蜜；假如我是花儿，老师就是园丁，只有辛勤的园丁，才能培育出苗壮的花朵来装点这美丽的祖国；假如我是花儿，老师就是露水，一颗颗晶莹的露水就是一份份纯洁的关怀；假如我是水，老师就是阳光，只有阳光才能将水变成一朵朵白云，让云朵自由自在地飞翔；假如……"

看到这则日记，你应该明白究竟是什么使小文的成绩突飞猛进了吧！

那么，为了与老师建立友好的关系，在与老师的交往中，我们应该注意哪些方面呢？

1. 尊重老师的劳动

老师几乎是把所有知识无私地、毫无保留地教给学生，如果他们希望得到什么回报的话，就是希望看到学生成才、成熟。学生要尊敬老师，见到老师要礼貌地打声招呼。有句话说，师生如父子。上课认真听讲，遵守学校纪律，把老师留的作业保质保量按时完成。有些学生作业写得马虎、潦草，单是让老师辨认字迹就要费很多工夫，给老师增添了很多额外的工作量。经常这样，老师怎么会高兴呢？每个人都希望别人尊重自己，如果你跟别人说话，他爱理不理的，你会喜欢这个人吗？尊敬老师，尊重老师的劳动，是师生友好相处的基本前提。

2. 勤学好问

经常听到学生评论"那个老师并不怎么样"，"他的水平太低了"。其实，等你长大以后你会发现这种看法和想法是多么天真。老师从他的年龄、学问、阅历，在某门课上的水平肯定是高于学生的，所以，要向老师虚心求教。勤学好问不仅直接使你学习受益，还会增多、加深和老师的交流，无形中就缩短了与老师的距离，每个老师都喜欢肯动脑筋的学生。其实，向老师请教问题往往是师生间交往的第一步。除班主任外，任课老师并没有太多时间和学生直接交往，常向老师请教学习上的问题会加深师生彼此的了解，增进感情。

3. 正确对待老师的过失，委婉地向老师提意见

心理学的研究发现：人们对没有缺点的人往往敬而远之。其实，根本不可能存在没有缺点的人。老师不可能是完美的，发现老师的不足要持理解态度，向老师提意见语气要委婉，时机要适当。如果老师误解了你，当面和老师顶起来吗？不行，这样不但无助于问题的解决，还会恶化师生的关系。暂且忍一忍，等大家都心平气和时再沟通，化解矛盾。

4. 勇于承认错误，及时改正

有的同学明知自己错了，受到批评，即使心里服气，嘴上也死不认错。有的同学受过老师一次批评，就记恨那个老师，认为他是对自己有成见。这都是没必要的，错了就是错了，主动向老师承认，改正

了就是好学生。老师不会因为谁有一次没有完成作业，有一次违反了纪律就认为他是坏学生，就对他有成见。相信老师会全面、客观地评价学生的。

5. 敢于表现自己

如果你是那种"爹不疼娘不爱"的学生，也不要一味地埋怨老师，首先，要先从自己身上找原因。如果你成绩平平，在班上表现也平平，那么老师不是不喜欢你而是没注意你。容易引起老师注意的只有两个极端：学习最好的和学习最差的学生，他们给老师留下的印象会很深。你上课积极发言了吗？爱动脑筋吗？愿意向老师提问吗？如果回答都是否定的，就难怪老师不注意你了。美国实业家卡耐基成功之道里有一句话：现代社会中没有人有耐心发现你，除非你表现自己。其次，要让老师了解你。自己和老师直接接触，增加交流的机会，与老师距离的缩短，关系的亲密，还可以增强你的学习动力。你也可以请家长与老师联系，让老师加深对你的了解。

与老师关系融洽既可以促进学习，又可以学到很多做人的道理，会使你一生受益无穷。相信你能做到这一点。

"互利"成"动力"

英国大文豪萧伯纳做过一个著名的比喻。他说："倘若你有一个苹果，我也有一个苹果，那么你和我仍然是各有一个苹果。但是，倘若你有一种思想，我也有一种思想，而我们彼此交流这些思想，那么，我们每个人将各有两种思想。"

这个比喻告诉我们这样一个道理，如果几个人在一起交流自己的知识，就会促进每个人多学到一点东西。通过交流，每个人很可能得到一个，甚至几个金苹果。

两个人往往会创造奇迹。

海伦·凯勒的成功固然与她坚定的自信和顽强有关，但也离不开一位老师的巨大帮助。

一位叫沙利文的老师，被海伦与命运抗争的顽强所感动，来到她的身边，决定拿出全部的爱帮助她成长。就在沙利文老师的精心呵护和指导下，海伦开始学习语法、盲文，并且学习发声。

尽管沙利文老师手把手教她，但是由于她不能听也不能看，每学习一个字都非常艰难。比如，学习"风"字，老师只好把她带到有风的地方，让她把手放到风中去感受风的流动，这样学会了"风"字；

老师又带她到雨中，让雨点打在脸上和手上，使她慢慢感觉到雨的存在，就这样学会了"雨"字。这些都是比较好教的字，因为有实物可以去感知。

有一次，沙利文老师想教她"爱"字，但不知从何教起，一筹莫展。老师想了很久才想出一个办法：把自己要走的消息设法告诉了海伦，由于两个人之间已经有了很深的感情，自然依依不舍。两人都流泪了，老师抓住海伦的手让她摸自己的眼泪，又摸摸老师的眼泪，让她感受到两行眼泪，这就是因为有"爱"。

沙利文老师就是这样为海伦付出了全部的心血。海伦的成功，与其说是海伦的奇迹，不如说是沙利文老师和海伦共同创造的奇迹。

李政道是世界著名的物理学家，1957年31岁的他获得了诺贝尔奖，是世界上获得诺贝尔奖年龄最小的两个人之一。周恩来总理评价李政道说："李精于学。"

李政道从小聪明好学，爱摆弄无线电，中学时代起就对数学、物理产生了浓厚的兴趣。他的书瘾很大，无论何时何地都与书为伍。高二时，太平洋战争爆发，日军进驻上海，李政道只带着一本美国版大学物理课本逃难到赣州联合中学。后来，人们在教室里总见他夹着那本物理书走进走出。

当时赣州联合中学校长顾惠人四处聘请一流的教师来校执教，教物理的是厦门大学教师甘承道先生。这为李政道在物理学习方面的突飞猛进创造了条件。李政道远远不满足于高中和大学教材里的内容，一有空就向甘老师请教问题。他极其注重和同学们共同探讨，一起进步。为了开拓同学们的视野，提高全班的物理水平，李政道还邀请甘老师每星期开设一次物理讲座。每次讲座，课堂里都座无虚席。每天清晨和傍晚，李政道总是手捧着物理书或代数书在校园的小道上阅读，一会儿就痴迷进去，同学和他打招呼，他也不知道。起先总有同学问："什么书让李政道像掉了魂在里面？"后来大家都说："数学、物理书，对他来说，比小说更吸引人。"

考入浙江大学后，学校对学生的学习抓得非常紧，每个周六上午测验物理，下午测验数学。星期五晚上同学们都开夜车复习功课，李政道却不复习，一个人在校园里走来走去的。一个同学问他："李政道，大家都在复习，你一个人走来走去的干什么？"李政道说："这里有几个同学不会，那里有几个同学不会，都要问问题，我就这里讲讲，那里讲讲。""那你怎么样，你保证明天的数学物理都考好吗？"李政道笑着说："谁说我没复习，我也是在复习呀！"他把为同学解答问题当作最好的学习，从来都是耐心细致的。他说他就盼望别的同学来问他问题，这样一来，既可以帮助同学，自己也得到了锻炼，还开阔了视野，毕竟大家的观点、题型要比他一个人的多。

而考试结果，李政道总是99分。由于每次李政道的考试成绩总是十分优异，老师就不用做标准答案，考试后总是将李政道的卷纸写上"标准"的字样贴在教室里。有几个女生对李政道总是99分感到好奇，就问老师为什么没有给李政道100分，老师说："满分不好，满分就没有可追求的了。"

互学双赢的例子很多，比如：

19世纪下半叶，法国著名小说家、自然主义创作的鼻祖——龚古尔兄弟，无疑是互相协作、取长补短的典范。哥哥爱德蒙·龚古尔，弟弟勒·龚古尔，两人相差 8 岁。两兄弟出生在一个没落的贵族家庭，弟弟 4 岁时父亲去世，14 岁时，母亲也病逝了。从此，兄弟俩在艰苦的生活环境中相依为命，在事业上互相欣赏、互相支持。

哥哥不喜欢言谈，性格内向；弟弟活泼开朗，热情奔放。尽管两个人性格迥异，但这并不影响两人的合作，因为他们都对文学创作有着强烈的追求。

兄弟俩在选好一个题材后，便开始合作。这种合作并不是你写上半部，我写下半部，而是两人同时动手写同样的内容情节。然后再比较、斟酌，择优弃劣，谁也不认为自己的观点就是最好的，一切要经过讨论，以作品为主。这样写好的文章，在方法和技巧方面，如同出自一人之手。因此，读者也就无法分辨出他们之间的优劣高低，就像一个作家，具有两个思维的头脑和两双观察事物的眼睛。

他们最初的几年写的小说、戏剧，并不是都很成功。10 年后，他们在长期的学习创作中，取长补短，通力合作，终于达到了天衣无缝的地步。第一部优秀作品《夏尔·德玛侬》问世了。这部小说写的是一个报纸编辑受妻子虐待而毁了自己前程的故事。故事具有很大的震撼力。而后他们又陆续发表了《修女菲洛梅娜》《勒内·莫普兰》等。

他们出版的《玛耐特·萨洛蒙》，对巴黎的文艺界和社会风气作了细致的描写，好评如潮。在他们的作品中，最受读者欢迎的是一部描写一个咖啡馆侍女蒙受屈辱的小说《翟米尼·拉赛特》。

两兄弟合作的最后一部作品，是以他们的姑母为原型，书名是《赛尔维夫人》。书中描写了一个因丈夫俗不可耐而离群索居的妇人的故事。

除此之外，两兄弟几十年如一日地把自己的经历、接触到的人和观察到的事写下来，留下了长达22卷的《日记》，成为研究法国当时社会背景和文艺界生活的可贵资料。

龚古尔兄弟由于合作，在法国小说的创作上独树一帜，博得了"小说之父"的称号。

还有松下电器，谁都知道它是日本最大的家用电器生产厂家，它的创始人松下幸之助是一位有名的取材能手。在新产品开发讨论会上，每当讨论陷入僵局，难以做出结论的时候，松下幸之助先生就会离开会场，到批发部或经销店去。他认为平日直接接触用户最多的经销店比厂家更了解用户的需要。在那里，他会细心地询问目前的客户究竟需要什么东西，然后将这些信息作为材料，带到会上去讨论。

在松下幸之助的领导下，松下电器连续开发了许多实用性强的产品。在松下幸之助看来：不论是专家还是门外汉，都要倾听他们的意见，都要借助他们的力量来摆脱困境，对方的一个积极意见有时会对你有很大的帮助。

在平时的学习中，寻找一个互帮互学的对象对学习也是有好处的。就像在湖里划船，当你在湖心划的时候，划了半天可能感觉不出前进，渐渐地自然就慢了。但是，贴着湖岸划，一直看着自己在前进，看得见成果，自然就有干劲了。更进一步，选择一只与你同行的船相互比赛，效果会更好。

所以，在学习上不能故步自封、闭关自守，应多与同学讨论。可以采用小组活动法，这是一种以学习小组的形式进行阅读讨论的学习方法。学习小组的人数一般为 2 ~ 8 人不等。它要求每个学习者都能够积极参与阅读活动，并保证个人阅读与集体讨论相结合。其具体活动方式有：

（1）小组讨论。围绕教材中的某篇课文，带着问题阅读、思考并展开讨论。

（2）小组填充。按一定规则删去某一篇课文中的一些词（字），完成填充，然后讨论这些答案，最后拿出原文对照检查。

（3）小组预报。拿出所要分析研究的文章的一部分，通过阅读思考，推测出文章的另一部分内容。同学之间可以相互讨论、辩驳。

学习不仅要善于独立作战，还要善于联合作战。联合作战有时更能成大业。

辽宁省抚顺市一个叫王维的青年工人，平时对记忆法很感兴趣，收集了不少有关的资料和书籍。为了扩大研究，推广成果，他联合了几个志同道合的朋友一道研究，写出了十几万字的文章汇编，创造了全国第一家"记忆研究会"，并主办了"记忆方法的函授"，一举成名。

在国外，这样的例子也很多。

第一次世界大战后，法国有一群志同道合的青年，组成了一个叫作"布尔巴基集团"的学习小组讨论数学问题，并且雄心勃勃地要对数学进行全盘的改造。他们总是有一个人起草初稿，然后大家各抒己见，有时激烈到大吵大叫，初稿经常"粉身碎骨"。一篇文章几经抨击，不通过不准发表。后来，被世界公认最为权威的数学著作——《数学原本》，就这样在他们手中诞生了，而且他们当中也涌现出了魏耳、狄乐涅等世界一流的数学家。

　　学习中的联合，可以开阔眼界，增长见识，活跃思路，启发灵感。由于各人的知识结构不同，知识水平参差不齐，各有所长，各有差距，可以各抒己见，便于取长补短，可以互帮互学，有利于共同进步！

把自己希望记忆的讲给别人

有一种"制造"经验的简单方法，那便是把希望记下的东西跟朋友或家人讲解一遍。这样做，你便会有"那时候我教过他们的""这件事曾经一面思考，一面加以说明"之类的经验，因此便成为经验记忆了。由于有了这个契机，事物便可容易回想起来。

当然，跟别人讲解的好处不仅如此，另一个好处是如果自己对内容也理解得不透彻，是没有可能跟别人说明的。通过对别人解说，可以确认自己是否真正"理解"，因此，选择祖父母、弟妹、后辈等不甚了解相关内容的人作为听众，效果更佳。

但要注意的是，经验记忆是可以渐渐被知识记忆取代的。如果投闲置散，好不容易得来的经验记忆，早晚也会因为相关体验变得越来越薄弱，而在不知不觉间沦为知识记忆。任何知识，最初也是在某些经验下积累而成的，但随着时间流逝，经验记忆只留下精华，变成知识记忆。这样，即使是非常简单的问题，在测验时被忘掉的可能性仍然是相当高的。

诚然，在测验的时候，刚才所提及的那种记忆其实仍然是存在脑中的，但由于是知识记忆，所以，如果没有充分的"契机"是想不起来的。想不起来的记忆便成为没用的东西，那跟记不下来的结果相同，就是好的东西被白白糟蹋了。因此，对于必须记下来的知识，务必要透过跟别人讲解等方法，努力地把它作为经验记忆，永远保存下来。

所以，当你想记忆的时候，就先把它讲给别人听吧！

第六章

学习融入开心生活中

学习累了，就玩一会儿

学习其实并不是长得很凶，满脸严肃，盛气凌人，尽爱刁难人的。学习还是挺可爱的，它对喜欢它的人总是笑口常开，你不喜欢它，是因为你不了解它的可爱之处。

学习其实就在我们的开心生活中。设想一下：一个远古的人苦于每天猎来的东西记不清数量，就想到在绳子上打结的办法，其他部落的人都跑过来学习。以后，每当一个人想出使人们生活更好的主意时，大家都会跑过来学习，因为学习这东西太有用了，大家越学越来劲，从旧石器时代到新石器时代，从青铜器时代到现在。今天的文明生活就是人类积极思考、互相学习的结果。

再把学习还原到生活中去的学习方法，就更加重要。学习，充满我们的一生，生活处处都需要学习。

有的学生学习很用功，在学校学，回家也学，不时还熬熬夜，做的题数不胜数，但成绩却总上不去。按理，有付出就应该有回报，而且付出的多就应该回报很多，为什么会这样呢？这是不会劳逸结合，打疲劳战的结果。

学习效率的提高需要的是清醒敏捷的头脑，所以适当的休息、娱乐不仅仅是有好处的，更是必要的，是提高学习效率的基础。

我们常说："该学就学，该玩就玩。"很普通的一句话，其实有很深的道理，玩过了，精神放松了，然后才能集中精力专心学习。把学习的时间拉得越长，就越容易疲倦，精神也随着涣散了，结果既学不好也没玩好。人的注意力时间是有一定的长度的。自己感兴趣的东西注意力时间就比较长，比如，你可以看 3 个小时悬念很强的推理侦探小说，但做很难的数学题，最多有 1 个小时的注意力。

比如说以下两则生动的例子：

英国生物学家、进化论的奠基人达尔文在读书和学习中，就善于安排时间，用劳逸结合的方法，既保证了精力集中，又保证了休息时间。

清晨，他总是习惯迎着晨曦散步，呼吸新鲜空气，锻炼身体。早餐后开始工作，这是他一天中精力最充沛最集中的时候，他能够连续高效率地工作 3 个小时。11 点钟开始休息，读读信件，写复信，他通过这种方式同各国学者讨论生物学方面的问题。

中午，他去暖房观察那些正在实验的植物、动物，以松弛疲乏的神经，或看看报纸，听妻子读小说。达尔文说："多年来听人朗读小说，对我来说是一种很好的休息和放松的方式。"

下午，他集中 2 个小时思考和解决生物学中的一些疑难问题。然后和朋友去散步。

达尔文认为：在工作一段时间之后，要换一种工作或学习方法，这样可以调节神经，重新集中注意力，提高工作效率。

他曾在 1831 ～ 1836 年随海军勘探船 "贝格尔" 号环球航行，作了为期 5 年的科学考察，采集了大量的动植物标本，还收集了许多地质资料。经过刻苦钻研，反复实践，他写出了轰动整个学术界的巨著《物种起源》，以及《动物和植物在家养下的变异》和《人类起源及性选择》等著作。

达尔文在学习时，从不贪多贪快，也不把身体弄得筋疲力尽，他能够劳逸结合，使自己精力充沛、注意力集中地学习和研究。

蒙田是法国著名的思想家、散文家，曾在图卢兹大学攻读法律。他的《随笔集》对近代西方文学产生了巨大影响。

蒙田也采取了类似达尔文的学习方法，以保证注意力的集中。他在学习的时候，如果书中的问题非常难懂，或对这本书已经产生了厌倦的情绪，他就把书放到一边去。但不是放弃不管，而是在没有兴趣的状态下，暂时放弃，转移一下注意力，等感觉到精力充足时再重新学。

蒙田说："当我在学习中遇到非常费解的问题时，我从不一味地冥思苦想，废寝忘食。倘若我尝试了两三次后仍然不得要领，我就把它们甩开。因为在这种情况下继续啃它们，就会开始烦躁，精力也涣散了，无异于浪费时间和精力。这时我就出去走走，活动一下身体，等回来的时候再做，可能会豁然开朗。倘若我对某本书厌倦时，我就丢开它去读另一本。在我无所事事的时候，再去问津那些曾使我厌倦的书，因为只有在没有别的事让我分心的情况下，我才能比较容易地进入到艰涩的书中去。"

蒙田认为：过分的执着，连续高难度的学习，会使大脑疲惫不堪，陷入混乱，连眼睛也会变得模糊不清。这时必须把注意力移开，放松自己，然后再回过头来重看，否则只能是劳而无功。

很多专家建议：在开始学习之前，做适量的运动，如做健身操、打球、快步行走等，消耗掉体能，使你能够集中精力来学习。

有一个高中老师，每周有两个晚上必须批改一大堆的作业。在这两个晚上，她都要先做一些有氧运动，然后才着手批改需要 3 个小时才能改完的作业。她说如果工作前没有觉得"身体发烧"，她便得战斗到深夜，因为她得拼命设法保持专心。

休息是暑假的一门必修课，但不应该打乱生物钟，要坚持早睡早起，保持自己的青春活力。

当我们学习累了的时候，我们可以去玩一会儿，可以到郊外去钓钓鱼，在家里看看电视、听听音乐，或者陪父母买买菜，在家打扫卫生、做做饭等，这些都是很好的休息方式。

西方有句名言，意思是：光学习，不玩耍，聪明的孩子要变傻。适当的体育锻炼和娱乐活动，在学习生活中是必不可少的，大家都知道一个学习效率公式：7+1 > 8，就是每天 7 小时学习，1 小时娱乐锻炼，效果大于 8 小时连续不断地学习。所以，保持充沛的体力和精力，也是提高效率不可缺少的一个方面。

学习的胜利意味着获得新知识，但学习消耗的却是大量的时间和精力。如果一味地发挥"拼命"精神，整天只知道学习，头悬梁，锥刺股，最终只能是精疲力竭，学无所成。列宁十分反对这种"学习狂"的精神和做法，他说："不懂得休息，就不懂得工作。"毛泽东也曾责问鼓吹这种精神的人说："又要马儿跑得好，又要马儿不吃草，世界上哪有这样的道理！"

让你的身体永远保持最佳状态

学习是一种高级的精神活动，视觉神经在接收到外界的信号刺激以后，把信号传到大脑，引起大脑皮质响应区域的兴奋。信号刺激强度和持续时间与这种区域兴奋成正比例关系，即强度越大，时间越长，兴奋就越高。大脑在这种兴奋状态下进行分析综合，判断推理，记忆理解等。一旦学习的时间超过大脑兴奋的极限，大脑皮质的该区域便由于工作过度，而逐渐失去兴奋的能力，开始由兴奋过程向抑制过程转化，于是疲劳就产生了。

如果你发觉自己反复读一段文字仍然不能吸收，那就表明，你已经达到了一天学习量的最高峰，应该立即停止学习。科学家调查表明：大多数人认为，他们一天学习最适合的时间长度是五个小时。如果你是精力旺盛的人，学习的时间会延长些。

大脑是学习的机器，它的工作状态直接影响着学习的效率。学习作为脑力劳动，和体力劳动一样都会产生疲劳。当体力劳动产生疲劳之后，休息片刻就可以恢复。但是，脑力劳动的恢复就不同了。即使停止学习，大脑兴奋也很难在短时间内平静下来，因此，对于大脑的保护就是休息和放松。

爱因斯坦疲劳后，就拿起他的小提琴拉上几首喜欢的曲子，使自己从那些符号中解脱出来。当有人问他的业余爱好时，他毫不犹豫地说："小提琴。"

马克思在研究中一旦感觉到疲劳，就找出一张草纸，画一些图，借助这种方法转移大脑的兴奋区域。

聪明的学习者，善于在自己的大脑产生疲劳前，及时转换学习的内容，或通过休息和运动转移兴奋点。

使生活充满诗意

据说古时有家酒店，店里有位厨师，他烧的小菜都要用一句优美的诗句作菜名。大家称他为"诗厨"。

一位秀才给诗厨出了个难题。秀才给他两个鸡蛋，要他做出一桌菜，而且每道小菜要引用一句古诗。诗厨欣然接受了。

诗厨拿着秀才给他的两个鸡蛋，到厨房去办菜。菜很快就端上桌子来。

第一道菜是两个炖蛋黄。诗一句："两个黄鹂鸣翠柳。"

第二道菜，把熟蛋白切成小块，排成一队形，下面铺了一张青菜叶子。诗一句："一行白鹭上青天。"

第三道菜，清炒蛋白一撮。诗一句："窗含西岭千秋雪。"

第四道菜，一碗清汤加调味品，上面浮着四片蛋壳。诗一句："门泊东吴万里船。"

这四句诗出自唐朝大诗人杜甫写的《绝句四首》。清丽明快的诗句使很简单的菜肴变得如此诱人，使秀才佩服得五体投地。他伸出大拇指，连声赞道："妙！实在太妙了！"

由此我们可以看出，诗意使平淡无奇的事物充满了情趣！人，是平淡地活着，还是诗意地栖息，全看你自己的选择。

古代大哲学家墨子，有一天带学生经过一家染坊，看见一缕一缕洁白的丝丢进染缸里，立即变了颜色，墨子非常感慨地说："丝本来是多么纯洁呀，可是丢到红色的染缸里就变成红色，丢到蓝色的染缸里就变成蓝色。我们人在出生的时候不也是很纯洁吗？可是因为后天的影响，就变得形形色色，成为各种各样不同的人了。"

生活其实就是一首诗，我们的情感世界中有风有雨，我们的诗也会时而高昂，时而低落。然而，最重要的是诗意的存在，用诗一样的眼光接受生活给予我们的每一道色彩。无论是彩色，或是灰色，我们都微笑接受，永远对生活报以感恩的态度！

举个例子：

有两个旅行团到日本著名的伊豆半岛旅游，当时的路况很坏，到处都坑坑洼洼的。

其中一位导游向游客们连声抱歉，说路面太糟了，太难走了。游客们也都很扫兴地抱怨起来，唉声叹气。

另一位导游却诗意盎然地对游客说，现在走的这条道路，正是赫赫有名的伊豆迷人酒窝儿大道。游客们一听，兴致大增。

两个旅行团的游客听了导游不同的解说，为什么会产生不同的印象呢？

诗意使人的眼光和心灵的感受都如此不同，诗意的人看待这个世界会更乐观向上，好的，坏的，在有"诗意"的人的心中全是有"诗意"的，也都是"有趣的"，这不是很精彩吗？

快乐心理空调器

　　有个女生在给"知心姐姐"的信中说："都说我们是花儿的季节，可是，我感到的却是无尽的压力、无尽的苦！每天晚上，我都要12点以后才能上床；每天早晨，我6点钟就得准时起床。知心姐姐，告诉你吧，我们最近已经连上一个月的学了，一天也没歇过！我真的快要累死了！每当写完作业的时候，我就想哭，想痛痛快快地大哭一场。可望着眼前堆得满满的辅导资料，我知道，自己连哭的时间都没有哇！"

　　这位女生说出了许多学生的苦闷，他们的一天大都是这样的：每天早晨一睁眼，就慌慌张张爬起来，忙着穿上衣服、忙着刷牙洗脸、忙着塞上几口早点、忙着一路狂奔冲向学校、忙着听老师讲课、忙着放学回家、忙着"喂饱脑袋"、忙着写作业，甚至连玩都变得忙忙叨叨！就这样"拼杀"了一整天，等到晚上累瘫在床上时，才发现，自己竟然一点收获也没有！

　　"年岁不饶人，它不会总让我们享受人生的乐趣。那么，趁我们的年龄还能享受，还渴望享受这种乐趣的时候，为什么要苛求自己呢?"古罗马哲学家塞涅卡是这样看待生活的。

对学习，我们同样应该抱着快乐享受的态度，既然愁眉苦脸是一天，高高兴兴也是一天，大家为什么不高高兴兴地面对每一天呢？又何必像上足了发条的机器呢？所以我劝大家，应该轻松地踏着生活旋律，快乐地享受每一天。

比方说，很多同学把每天写作业看成是痛苦无比的事，总想着赶紧写完作业好去玩；可事与愿违，作业却总也写不完。于是，他们只好每天在痛苦中煎熬。其实，如果能换一种心情，把写作业看成是自己乐意干的事，安静地坐下来，细细琢磨每道题的解法，好好体验写字的感觉，而不是一心惦记着做游戏有多高兴，写作业有多苦恼，也许就能感受到学习的乐趣，学习效率也会大大提高，同时更让自己拥有一种成就感。

要学会调节自己的情绪，让自己时时处于积极乐观的状态。有人做过一个小试验，天天放抒情音乐给母牛听，看它的产奶量有什么变化，看来母牛们非常懂得欣赏，它的奶产得又稠又多；相反，它一听摇滚乐撒腿就跑。放音乐给植物听，摇滚乐使植物们哭丧着脸，它没腿不能逃走，只好就地枯死了。

动物和植物都对音乐有这样敏锐的感受力，你也可以用音乐来调整自己。有的曲子使人受到激励，有的使人宣泄压抑和苦闷，有的使人放松、休息……但无论喜欢听摇滚还是交响乐，喜欢听管弦乐还是流行歌，你都可以随自己的心理感受来选择。掌握好这个秘密武器，用不同的曲子作自己的心理调节器，让自己露出笑脸来！

宣泄也是一种调节方法。你可以向好朋友诉苦，向爸爸妈妈聊聊自己的感受，还可以写日记。有个童话，讲一个理发师给国王理发，发现国王长了驴耳朵，但怕丢掉性命不敢说出来，心里憋得难受极了，就自己想个办法，到地里挖个洞，对着洞大喊："国王长了驴耳朵！"心里话说了出来，很轻松地回家了。可是那个洞也嫌憋得慌，第二天洞里长出了一根芦苇，随风摇晃着大喊："国王长了驴耳朵！"童话里的故事很夸张，但也说明了，把苦恼憋着有多难受！把苦恼宣泄出来，你的苦恼就减轻一半了！

没有任何事、任何人可以让你不快乐，因为快乐与不快乐都只是你自己的心情，除非你自己想要你自己不开心，那么，你就永远也走不出情绪的低谷了！

相信这一点，你才永远不会有"沉在河流的最底层"那种不开心的感觉。我们无论做什么，都要选择快乐。为了快乐，你可以对自己更好一点，可以做自己喜欢的事情，只要你开心！

每天早上对着镜子微笑，告诉自己：我很棒！我很快乐！今天会很好！

同时记得，让自己忙起来。只有那样，许许多多的不快乐才会变成过眼云烟。不要用很多时间去记忆自己的不快乐啊！

请你记住，最重要的事情是调整好自己，才能找到自己想要的快乐！

当个时间大富翁

有时候，你会不会有一种无力感，想要做的事又没有完成，许许多多的安排让你手忙脚乱，而没有时间去从从容容地做一件事情呢？那时候，你是不是想当一个时间大富翁，拥有好多好多的时间呢？

讲个故事给你听：

有个学佛的学生向禅师学禅。几年过去了，她觉得自己已经领悟了很多道理，没什么可以再向禅师学习的了，就向禅师告别。禅师什么也不说，只取了一个空碗往里面放石子，直到再也放不下一块为止，他问学生："满了吗？"学生说满了，禅师又抓了把沙子放进去，问学生满了吗，学生说满了。禅师又加了一些水进去，问学生满了吗，学生大悟，向禅师谢罪，不再提走的事了。

你也悟出什么道理了吗？首先，这个碗就像你的大脑，它是不容易装满的，另外，这个碗先后装入三种物质，同时占据了碗的空间。就像时间，它可以同时分配给多件事情。还有，如果禅师放东西的顺序颠倒一下，先在瓶子里放满了沙子，我们就无法放入石块。同样道理，在生活中，如果我们的时间都被一些琐碎的杂事占用了，那就没有时间做一些重要的事情了。

鲁迅先生说过:"时间就像海绵里的水,只要你愿意挤,总还是有的。"我们的时间和精力都是有限的,每天都有许许多多的事情在等待我们去处理,我们不可能对每一件事情都一视同仁,否则,胡子眉毛一把抓,肯定时间不够用。

那么,我们应该怎样优化时间?怎样从有限的时间和精力中得到最高的效率呢?以下方法不妨试一下:

1. 以分钟计算时间

想一想,有一天在梦中发现自己拥有了好多好多的时间,真正地成为一个时间大富翁,再不用担心作业做不完,计划完不成了,这样的感觉是不是很棒?如果你想要在生活中也能成为时间大富翁的话,你首先要有的是:紧迫感!

为了让自己产生紧迫感,你可以把小时感觉成分钟!半小时换成30分钟,学习起来会有争分夺秒的感觉。

心理学家说,用分钟来计算时间的人比用小时来计算时间的人,时间多出59倍。

平常就养成限定时间来学习的习惯,你能赢得比别人多59倍的时间啊!你就是个时间大富翁了!

时间对每个人都是平等的,换个时间观念,你就能多做好多事情。养成限时做事的好习惯,你就不会在考试时担心时间不够,做不完题了!

2. 分清主次

一个有效率的人应该根据事情的重要和紧迫程度,每天把要做的事情排列出来,然后再有序地完成。例如,明天要进行语文考试,今天下午有球赛和英语口语训练，晚上要陪妈妈散步。这四件事在等你完成。很明显，首先，你应该花大块时间复习语文，准备明天的考试；其次，若还有时间，接下来应该去练习口语；至于踢足球的事可以缓一缓，而去公园散步则可去可不去。

不管每天有多少事要做，你都一定要把事情分类，那些既重要又紧急的事情才是你应马上行动、花大块时间来完成的事情。计划一下你要做的所有事情的时间顺序和时间长短，列出主次大小，严格按照计划行事，计划一次完成的事情一定要完成，不要拖延。而且，在时间有限的情况下，记得分清主次，先解决最主要的困难，再完成其他的任务，这样时间就可以相对来说，得到最大限度的利用。

3. 充分利用状态最佳的时间

每个人的生物钟不同，所以每个人在不同时间做事效率不同。如有人最佳状态在早上，那就应该把自己最重要的任务安排在清晨。反之亦然。

4. 全力以赴完成最重要的事

完成重要的事情需要不受外界干扰，全身心地投入，那么，任何事情都会迎刃而解；否则，将一事无成。

5. 利用好琐碎时间

你洗脸、刷牙、吃早饭的时候就可以打开录音机听外语，坐公交车的时候也可以掏出要记忆的材料来背诵，甚至一边做功课一边还可以开洗衣机把自己的衣服洗干净，一边扫地一边就可以活动肩膀和腰腿……

6. 日常用品放置要有条理

平时的书籍、笔记、衣服等日常生活用品要分类放置，条理清楚，以便查找。如果乱放，找东西的时间就要花去很多，实际上是浪费了时间。

7. 学会说不

当你集中精力做事情时，有同学来叫你出去玩，或让你做别的事情，你应该学会说不。

8. 适当的休息

适当地换学习的内容，不同学科交叉学习可以缓解大脑的疲劳，提高学习的效率。变换一下身体姿势，从事一些体育活动，可以消除疲劳，换得新的精力。

9. 摆脱消极情绪

在所有影响工作完成的消极情绪中，内疚最无益。遗憾、懊悔和心情不佳改变不了过去，反而当前的事情难以做成。着眼于未来的担心也是一种毫无用处的情绪。

同学们，时间是人生的财富，我们的人生就是在时间的长河里慢慢展现的。愿每个人都能珍惜时间，合理安排时间，让自己有限的生命更精彩！

学习不分地点

谁说只有在教室，只有在图书馆才能学习，其实对于孜孜不倦的求学者来说，学习是不分任何地点的。我们可以随时随地、随心所欲地学习，只要我们愿意，一切困难都不是困难！

观察一下小孩子。他们听父母、周围的人和电视里的人说话，就熟悉了自己的母语。

父母常常给孩子看一些配有单词和图画的卡片，通过这种方法教孩子说话。慢慢地，孩子就学会了用手指着各种东西提出问题。

他们的问题会越来越多，为了满足好奇心，他们甚至会翻出各种东西，把家里搞得一团糟，在孩子眼里，所有的东西都是陌生的、新鲜的。

所有的学习都是从好奇心开始的。我们每个人都曾经对周围的环境充满好奇，为了解各种新事物而努力过，所以现在，我们可以没有障碍地使用自己的母语。

知识除了可以随时学习外，也可以随处利用。

就拿英语来说，不管碰到什么，都多看、多读、多问，甚至不管把什么放进嘴里，都想想用英语应该怎么说。

不仅是英语，无论想学好什么，都要有这种精神，就像一台吸尘器，不管什么，统统吸到肚子里。

当你在路上看到用英语写的广告牌，就大声读出来，不必计较别人的目光。学习历史知识时，你也许觉得书上的文字很枯燥，电视里的历史连续剧才更加吸引你，那就一边看电视、一边学习吧。

有时候，博物馆里的介绍、漫画书里的内容，都比课本知识更容易掌握。

自己主动获得的知识，比学校里老师讲授的知识，更容易理解。

像蜜蜂采蜜一样，到处汲取知识，日积月累，你的头脑会越来越充实。

你身边可能有这样的同学：问他什么，他都知道，他就像个万事通。这是因为他们大都有强烈的好奇心。

这些万事通，学习成绩通常很好。因为他们喜欢问问题，还能记住答案。

从生活中获得的知识，比在学校里得到的知识更宝贵，因为这些知识的弹性很强，也就是说，它们的应用范围很广。

为了提高学习成绩，养成爱观察、爱阅读的习惯，很有必要。

有的知识，当我们记忆下来，把它们储藏于大脑中的时候，往往一开始，我们并不知道它的力量。但是某个不经意间，它们会影响你。它们会跳出来，影响你的生活，帮你解决好多好多的问题，给你每一个精彩的瞬间！

第七章

不同学科的学习策略

学习语文的高效方法

学习方法可谓五花八门，不同课有不同的方法，不同类的问题之间又会有不同的方法。这里，我们从一些最基本的问题出发，讨论学习语文的主要方法。

1. 谁比我能背

学习语文是一个积累的过程，不可一蹴而就，只有长期的积累才能使语文学得更好。积累需要大量的阅读与背诵，好的书籍或文章不仅能丰富知识，还能陶冶你的性情。不过，不能只是读，还要思考，我们应准备一个记录与摘抄的本子，在阅读的过程中将遇到的好的句子抄下来，并不时地看看，让它们变为自己的东西。当遇到疑点、难点时，也要记下来，与旁人讨论，听取别人的看法。这样才会有所长进，水平才会提高。

记诵法是学习语文的重要方法之一，尤其是在小学阶段。这种方法长期为同学们所忽视，甚至曲解，认为记诵就是死记硬背而予以简单否定。其实，如果只停留于一般意义上的浏览，而对一些经典的、文质兼美的文章不花点工夫记诵，会收效甚微。相反，大量记诵经典作品，包括作品的语言、艺术技巧、思想内容等将会逐渐内化为你自己的东西，所谓"熟读唐诗三百首，不会作诗也会吟"就是这个意思。

因此，有人提出，一名合格的中学毕业生应熟记一百篇优秀散文、一百篇经典文言文、一百首古代诗词。杨振宁先生在《光明日报》上答记者问，特别提到在小时候，父亲要求他背熟《孟子》全书的事，并认为自己从中受益匪浅，所以他很佩服父亲的高明。

读而不熟，就不能很好地把作者的语言学到手，古人强调"好书不厌百回读"，"读书百遍，其义自见"，需读到口舌生疮，熟读成诵，烂熟于心，就是这个道理。

记诵法对于文言文的学习尤为重要。现代人学习文言文缺少的是语言环境，而朗读甚至记诵正是"用自己的口代作者说出这番话，读者就好像作者，作者的语言也就好像成了读者的语言"，这样我们就能很容易进入了作者创设的语言环境。有了当时的语言环境，也就能很好地理解词语的意义，从而读懂作品了。

努力记诵吧，直到有一天，你敢问"谁比我能背书"！

2. 给文字插上想象的翅膀

对于记忆类的知识，如语音、字形、语义等应根据汉字是表意文字的特点，将音形义的知识结合起来。汉语中的多音字是许多同学难以掌握的，如果明白了义不同则音不同，以音则可推义，以义就可以推音。再如，判别字形是否正确，给文字插上想象的翅膀，就可以依据这个字的结构和意义判别。如"拌脚石"还是"绊脚石"，就可根据其是形声字的特点，形旁是表意的，提手旁则表明与手有关，是"搅拌"的意思；绞丝旁表明与丝有关，是"缠绕"的意思，这样就能准确判断字形了。如不理解其基本意义，只是瞎猜，在实际运用中就会出错。"这部精彩的电视剧播出时，几乎万人空巷，人们在家里守着荧屏，街上显得静悄悄的"一句中"万人空巷"一词使用错误，就是因为不理解其基本意义。"万人空巷"是指家家户户的人都从巷子里出来了（多用来形容庆祝、欢迎等盛况），而这里望字生义，把"万人空巷"理解为"街上没有人了"。

3. 用头脑读课文

读课文十分重要，是语文课堂教学的重要内容。

刚上小学，有不少同学不会读书，认为读书就是念字。因此有必要下一番功夫，学会从整体到局部，再从局部到整体，有规律地读课本。

读，可以培养语感。语言学习，很重要的一点就是培养语感。"这个语段中为什么用这个词而不是用那一个"，"这个句子为什么是一个病句"，很多时候，我们无须去问"为什么"，语感早已经告诉我们理由了。而语感的培养就来自于平时点点滴滴的"读"的积累。读，是提高阅读理解能力的一个有效途径。这里所说的"读"，并不只是指把文章朗读或默读一遍，而是还包括思考和识记等内容。读，应该是一个动口动脑动手的过程。学习一篇文章，需要从哪些方面入手？概括起来就是：弄懂"写了什么"的问题；弄清"怎么写"的问题；记忆文章中的精彩语段和词语。这三个方面其实就是在说一个动口动脑动手的问题。在读一篇文章的过程中，能够有意识地去解决好这三个问题，这才是"读"。也只有这样，才可以提高自己的阅读理解能力。读，也是一个积累语文基础知识和作文素材的手段。读多了，见识广了，在作文的过程中，就不会感觉自己无话可说，写出来的文章也不会空洞干巴，而是洋洋洒洒，言之有物了。

4. 勿忘使用课本

学会使用课本是学习语文的必要条件，具体做法是：

（1）读懂"课本说明"，明确学习目的、任务，了解课本的总体结构、读写听说的重点及自读课本的配置，明确本学期的学习任务、内容、要求、方法等。

（2）读懂"单元提示"，了解本单元的学习重点，掌握所提示的知识，确定学习的主要方法。

（3）学会使用"预习提示"，记住文体、文章的听说读写知识，确定阅读的思路和方法，利用工具书理解或掌握规定的字词。

（4）学会利用"自读提示"，记住有关知识，把握课文特色，制定自读的思路和方法。

（5）学会使用"课文注释"，注释分四类。我们需要通过注释来识记文体、文章知识和生字、生词；理解专门名词和不常用的词语；掌握常用而生命力强的词语；对课本练习规定的造句的词语要熟练运用。

5. 阅读训练自觉用

下面再介绍阅读技能的训练，在阅读课文的过程中应能自觉运用。

（1）朗读

朗读有助于深入体味文章的思想感情，有助于密切读和写的联系，也是培养语感的一种好方式。

朗读训练的质量大体有三个层次：

一是正确的朗读。读音正确，停顿适当，不加字不掉字。

二是流畅的朗读。正确把握语调（抑、扬、顿、挫）、语气（轻、重、缓、急），连贯地读下来。

三是传神的朗读。熟练地运用语音和表情，表达出文章的风格和神采。

（2）默读

读时不动唇，不出声。默读与朗读比较，不仅速度快，往往理解也深些。读时要批注，不动笔不读书。传统的阅读方法就是一边读一边在文章上圈圈点点，勾勾画画。

（3）精读

精读对象主要是教材上的基本篇目，它们大都是文质兼美的文章。

精读的步骤大致如下：审题；辨文体；标节码，勾生字，查工具书，读注解；解新词；写提要；理层次；记段意；明中心；质疑；评写法。

上述步骤可因阅读目的不同而有所侧重，但整个过程非一次阅读可以完成，需要反复咀嚼，体会揣摩，直到发现文章的特性，发掘出其中的丰富蕴藏。

（4）略读

略读的特点是"提纲挈领"，把握文章的基本内容、思想和技法。

略读并不是容易的事，读时要舍去细枝末节，把握重点词、句、段，抓住主要材料、主要表达方式，从中概括重要之点。

6. 识字大王就是我

中国的汉字是出了名的难学难记。不要说外国人，就是中国人，要记那么多汉字也不是一件容易事。如何掌握记忆汉字的一些技巧和方法，成为识字大王呢？下面总结的这五种方法应该对你会有所帮助。

（1）字谜法

有些笔画复杂、难记易错的字可编成形象生动，且有趣味的字谜。经常猜一些字谜，动脑编一些字谜，就可把字形记住。用时想起字谜，就不易写错。一些字谜常使我们百思不得其解，但一经老师或同学点拨和说破，就会永世不忘。如：

加一半，减一半。（喊）

一人牵着一只狗。（伏）

十一点进厂。（压）

两只狗，草底走。（获）

廿字头，口字中，北字两边分，四点下面蹲。（燕）

（2）歌诀法

把一些易错易混的字编成儿歌或顺口溜，读来琅琅上口，细想妙趣横生，便于记忆。一般有下面几种。

单字歌诀。如：王二小，白胖胖，屁股坐在石头上。（碧）衣字上下分，果字中间蹲。（裹）

易错字歌诀。如："中一"贵，"酉己"配，纸字无点才算对。

易混字歌诀。如：己（jǐ）开已（yǐ）半巳（sì）封严，谁要写错惹麻烦。戊（wù）空戍（xū）横戌（shù）变点，撇横相交戎

（róng）装换。

（3）拆字法

把一些难记易错的合体字，分拆成几个部件，就可以化难为易，比较好记。如：

赢——亡口月贝凡

德——双人十四一心

掰——手分手

罚——四言立刀

（4）加减法

有不少汉字形体相近，它们加一笔或者减一笔，就变成了另一个字，记住了这些加减变化，也就记住了这些字的细微差别，用时可避免混淆。

如：免字加一点变成兔字（一点为兔尾巴）。

幻字加一撇变成幼字。

折字加一点变成拆字。

鸟字减一点变成乌字（一点为鸟眼睛）。

享字减一横变亨字。

拢字减一撇变成扰字。

（5）找规律法

一些字认起来容易，但写起来常常出错，写不规范，可以按字音和字形特点，找出一般性的规律，加以区别，用时就不易写错。

按字音找规律区别。如区别仓、仑作部件构成的字，可按下面读音规律来记忆：

韵母是 ang，声旁从仓。如枪、苍、创等。韵母是 un，仑部构成。如轮、抡、囵等。

又如区别用令、今作部件构成的字，可按这样的规律来记忆：声母凡是小棍Ⅰ，令字一点不可掉（如领、拎、零、玲等）。

声母不是小棍Ⅰ，今字必定其中坐（如念、琴、贪等）。

按结构找规律区别。如区别圣和圣构成的字，可按下面规律来记忆：只有怪字右为圣。其他的字均为圣（如径、茎、轻、经等）。

又如由部件彐组成的字，中间一横出头不出头，可这样记忆：无笔穿过不出头（雪、灵、急、皱），有笔穿过冒出头（尹、唐、争、建）。

按规范书写找规律。如：小字在上不带钩（尖、省、肖），小字在下钩不丢（京、尔、叔）。

又如：一字不写两笔捺，一捺写点顶呱呱（从、秦、漆、黍、癸等）。

需要指出，这些方法都只能是一些辅助方法，要真正掌握汉字，还是得多看、多写、多用。

7. 语文就像一首歌

学习语文就像学一首歌，你相信吗？

那些易混淆，难记忆的知识，把它们变成歌诀，会是一件多么愉快的事情啊！

别急，现在就把语文基础知识四部分的歌送给你，要注意听啊，因为这些歌都是喜闻乐见，通俗易懂，言简意明，便于背诵的啊！

（1）词汇部分

同学们对实词的学习一般不感到困难，因为实词确有所指，有实在意义，便于理解；而虚词没有具体意思，只能帮助实词造句，因而就感到难于理解，有时还容易混淆。针对这种情况，编了"虚词歌"，让学生记忆：

虚词没有具体化，

帮助实词能造句。

虚词六类要记清，

"副、介、连、助、叹、拟声"。

副词：副词是用在动词或形容词前边，表示动作行为或性质状态的程度、范围、时间、连续重复、肯定否定、情态、语气的虚词。

副词用在动、形前，程度、范围与时间，

连续重复肯、否定，情态、语气都表现。

介词：介词是用在名词或代词前边，组成"介宾短语"，表示时间、处所、方向、对象、原因、目的等的词。

名、代前边介词用，"介宾短语"就组成。

方向、时间和处所，原因、目的、对象明。

连词：连词是连接词和词、短语和短语、句子和句子，甚至段落和段落的词。

连词作用是连接，顾名思义好理解。

助词：助词是附在词、短语或句子的后边，表示结构、时态、语气的词。

助词常附词、句后，时态、语气和结构。

时态助词"着了过","啊吗呢吧"语气助，

结构助词"的地得"，"的字短语"弄清楚。

叹词：叹词是单独用来表示强烈感情或呼唤应答的声音的词。

叹词强烈感情发，表示呼唤与应答，

"哎呀哼呸咦哈哈，唉嗯喂啊哦嗨呀"。

拟声词：拟声词是模拟人或事物声音的词。

描摹声音即拟声，"淙淙潺潺轰隆隆，

喊喊喳喳哗啦啦，琅琅呼呼叮叮咚，

噼里啪啦汪汪汪，叽里咕噜砰砰砰"。

借助歌诀不必费很大气力便可将"虚词"记住，既明白了各个虚词的定义，也掌握了常用的虚词。如果再对照例句加以巩固，还可收到事半功倍的效果。

（2）病句部分

同学们在作文中经常出现一些病句，为此编成"常见病句歌"和"修改病句口诀"。

常见病句歌：

成分残缺要注意，缺主缺谓缺宾语。

搭配不当有三类：主谓、动宾和修饰。

词序颠倒位置错，结构混乱不达意。

词类误用和滥用：实虚关联形容词。

指代不明意含混，重复累赘倒主次。

比喻不当相矛盾，不合情理与逻辑。

修改病句口诀：

先看主干再看枝，要把原文细分析。

成分搭配与结构，用词比喻及情理。

对照病类细审查，语法逻辑都顾及。

一看二审三修改，多就少改保原意。

同学们只要记住"常见病句歌"，再对照典型例句，就不难发现病句；发现病句后，再运用"修改病句口诀"，对症下药加以改正。用这种方法进行训练，修改病句的能力就会很快提高，文章中的语病就会大为减少。

（3）作家作品

古今中外范围较大，比较难记，把重要的作家和作品介绍编成诗歌的形式，学生们普遍反映这种作家作品歌"好读、好记、好掌握，少花时间收益多"。例如对孔子和《论语》的介绍：

孔子（公元前 551—前 479 年）

姓孔名丘字仲尼，春秋末期生鲁地。

思想家和教育家，儒家学派他创立。

相传弟子三千人，七十二贤通"六艺"。

私人讲学开先例，"有教无类"讲"仁""礼"。

《论语》

《论语》共有二十篇，曾参和他弟子编。

儒家经典语录体，孔子言行记里边。

再如对茅盾及其作品的介绍：

茅盾（1896—1981）

茅盾原名沈德鸿，笔名茅盾字雁冰。

浙江桐乡乌镇人，现代作家很著名。

创立"文学研究会"，领导"左联"亦有功。

代表作品有《子夜》《春蚕》《秋收》和《残冬》，《幻灭》《动摇》及《追求》，《林家铺子》上电影，《清明前后》是剧本，《夜读偶记》是评论。

作家作品歌再附以简美的说明，理解记忆就很方便，只要很短时间就可以记住作者和作品的介绍。

（4）文言虚词

同学们在学习古文时，对文言虚词感到难以掌握，所以文言虚词就成了一个难点。针对这种情况，把常用的文言虚词经过归类整理，按照它的词性和用法编成"文言虚词歌"。如"之"字，在文言中用得最普遍，它既可作助词，也可作代词，还可作动词，同学们记起来困难。但把它编成歌诀，只短短的几句就可概括其词性和用法，孩子们说："记住几句诗，学会一个词，何乐而不为。"

"之"字歌　　　　　　　　　　例句

"之"作助词等于"的"：永州之野产异蛇（助词"的"）。

主谓之间不翻译：孤之有孔明，犹鱼之有水也（主谓之间，取消句子独立性）。

取消句子独立性：媪之送燕后也，持其踵而为之泣（前"之"同上，后"之"代女）。

提宾凑音缓语气：宋何罪之有（提宾）；会拜谢起，立而饮之（凑足音节、舒缓语气）。

代词相当"他、她、它"：陈胜佐之（他），并杀两尉；巫妪何久也？弟子趣之（她）；驴不胜怒，蹄之（它）。

"这样、这种、这件事"：以君之力，曾不能损魁父之丘（这样的）。

8. 循序渐进妙趣多

一本字（词）典、一份报纸（杂志）、一部中外名著、一篇好文章、一个笔记本，都有很大用处呢！例如：

（1）每人准备一本字典式词典

俗话说："字典是不说话的老师。"如果每个学生都准备一本字典随时带在身边，那么就等于身边多了一位老师。这位不说话的老师随时教你拼音、识义、辨别字形，学会查字典，经常利用字典，对同学们的语文学习会很有帮助的。

（2）订一种报纸或杂志

订一种报纸或杂志，对培养同学们学习语文的兴趣大有益处。比如一些办得好的报刊大多有针对性，而且融知识性、趣味性于一体，文章活泼而又风趣，信息量大，很受欢迎。试想：如果每一个学生都坚持订一种杂志或报纸，那么全班至少有 30～40 种报纸杂志在班上传阅，良好的课外阅读风气就会形成。

（3）每学期读一部中外文学名著

课外阅读有一个误区：男孩子喜欢看武打小说；女孩子喜欢看言情小说。如果看一两本倒没有什么大的危害，多了则入迷，危害甚大。针对这一情况，中学生应该每学期读一部中外名著。名著作为中外文化的精华，无论是内容还是其表现手法，都远远超出通俗小说。比如我国的《红楼梦》《西游记》，外国的《堂·吉诃德》《鲁滨孙漂流记》，其鲜明的人物形象、丰富的想象，令人过目难忘。

（4）每天读一篇好文章或一首小诗

知识面窄使许多同学对作文产生一种恐惧感。应提倡坚持每日读一篇好文章或一首精美的小诗。古今中外，名篇佳作，举不胜举。只要有毅力，愿意读，好文章或精美小诗尽可大量阅读。关键是贵在坚持。

古人说得好："熟读唐诗三百首，不会作诗也会吟。"只要肯读、会背，一年下来，一二百篇文章下肚，写起文章来再也不会搜肠刮肚、愁眉不展了，取而代之的是兴味盎然、充满自信了。

（5）准备一本课外笔记本

光看、光读还不够，还要多写、多记。再精彩的段落，再美妙的诗篇，天长日久，也会慢慢遗忘的。俗话说"好记性不如烂笔头"，为了使所学的知识较长久地留下来，因而，应提倡除了课堂笔记本外，每人还要准备一本课外笔记本，专记在课外阅读的精妙格言、警句，有启发意义的段落，有韵味的小诗及自己的心得、体会。坚持一学期下来，往往有厚厚的一本，既有名言，又有小诗，还有自己的心得体会，可谓"百宝箱"，捧在手里，心里是从未有过的充实。

学习数学的高效方法

1. 数学并不难

在我们的学习中，你是不是感觉到最难的学科是数学？当然了，很多同学都因为数学成绩不佳，而把数学看成了最头疼的学科。甚至有的同学从小学开始，就已经准备放弃数学了，这样导致的偏科，将是以后永远不可弥补的，所以千万不要以为数学很难，不要放弃它！

数学需要以基本知识和原理为基础解决问题的能力和探索的能力。因此，要想学好数学，首先必须理解一些基本概念，学会分析图表等资料，以此来推理出结论。另外还有一点也很重要，就是能够把到目前为止学过的原理和方法应用到问题中。

很多同学并不是因为智力或其他因素学不好数学，而是在第一步没有解决好基础概念的问题，导致失利。

那么，因为缺乏基础而学不好数学的同学，是不是永远也学不好呢？这些同学应该怎么做，才能补好基础呢？其实，从现在开始努力，一点也不晚。

大家完全不必觉得打基础是件很困难的事情。其实很简单，就是多做题，基础自然慢慢就建立起来了。只要做些简单的题就可以了。

现在的课本中，有很多简单的数学题目，可以从这里开始。做过大量的题之后，基础会逐渐坚实起来，你慢慢就会具备解难题的能力。

数学学得好的同学，大都在小学三年级就会做四、五年级的题了。这是很正常的。只要把一年级到三年级的定理和公式都记住了，谁都可以这样。通过这样的学习，还可以增强自信心，获得成就感。

对数学来说，解题的过程比答案重要得多。就算答案错了，也一定要弄清楚到底是哪个中间环节出了错。只有这样，数学水平才会提高，学习起来才会有更大的兴趣。

学习数学，除了用功外，最重要的是用心，要多用自己的智慧去思考，而且不要孤立思考。只有想得深入，才可以举一反三，当你真正做会一道题，真正理解一道题的时候，与此类似的两道题、十道题，都可以迎刃而解！

2. 概念理解要正确

概念是进行正确思维的前提和依据。没有明确的概念作基础，逻辑思维将是无源之水、无本之木。概念不清就会思维混乱，必然导致计算、推理发生错误。要学好数学，首先要正确掌握、深刻理解各种重要的数学概念。可以从以下几个方面多下功夫：

（1）从文字上仔细领会

数学概念都是用文字来表达的，且文字精练、简明、准确，所以对有些数学概念的辨析简直需要"咬文嚼字"。

例如"数列中从第二项起，每一项与前一项之差都等于常数，则此数列称为等差数列"。这个定义粗看起来似乎是对的，仔细一想就会发现问题，应将"常数"改为"同一个常数"。否则"3，5，6，

9…"不也成了等差数列吗？因为它们的"差"分别为2，1，3…都是常数。

（2）从正反面反复比较

为了对概念做进一步理解，还可进行正面辨析和反面比较。以"角"的概念为例，中学阶段出现过不少种"角"，如直线的倾斜角、直线与平面所成的角、复数的辐角主值等。它们从各种定义出发，都有一个确定的取值范围。

如直线与平面所成的角，是"平面的一条斜线和它在平面内的射影所成的锐角，叫作这条直线与这个平面所成的角"。反过来说，如果不规定"锐角"就不是唯一的了。这样就很容易发现斜线和它在平面内的射影所成的角有两个，一个是锐角，另一个是钝角。

（3）从特例中验证

对概念理解产生偏题的常见病之一是"忘记特例"。

例如，"任何数的零次幂都等于1"这句话是不对的，因为零的零次幂无意义。

"经过球面上任意两点一定可以作唯一的大圆。"这句话粗看起来没有什么错误，因为球面上两点和球心一般只确定一个平面，但当这两点和球心在一条直线上时，就可以做出无数个大圆了。

（4）从条件的限制加深理解

对概念的理解产生偏题的常见病之二是"忽视条件"。如果忽视了条件，就会曲解题意，使结果面目全非。

3."高手"支招

在很多人眼里，数学是一门很复杂、很难学好的学科，尤其是对那些自信心不强的人来说，没有聪明的大脑和敏捷的思维成为学好数学不可超越的障碍。

其实，这只是一种片面的认识，聪明和敏捷对于数学学习来说固然重要，但良好的学习方法则更显得必不可缺，因为良好的学习方法可以把学习效果提高几倍，这是其他先天因素不可比拟的。

既然学习方法如此重要，那我就想谈谈我学习数学的方法。

要想学好数学，培养良好的数学思维尤为重要。培养良好的思维主要有两方面，一是逻辑思维，一是空间思维。这两种思维都要从小开始培养，比如做一道数学题，每一步都要多问几个为什么，不能只满足于老师课堂上的灌输式传授和书本上的简单讲述。要想提高，必须要一步一步推，一步一步想，每一个过程都是必不可少的，都是要有其逻辑根据的，一步接一步，一环扣一环，步步不可少，环环不可缺，这在无形之中也就培养出了数学思维，其实这不仅对数学的学习，对你以后一生的学习、工作都是大有益处的。

4. 推理能力常锻炼

不知道你有没有意识到推理能力的重要性，推理能力在你阅读侦探小说的过程中，会得到很好的体现。它打破了我们以往的思维方式，不再是由原因到结果的思考方式，我们所说的推理，是由结果倒推过程，是不是很特别呢！

很多同学开始学习时，先打开参考书，而不使用推理能力，他们大都靠死记硬背来学习。一旦养成这种习惯，无论在考试中还是平时的学习中，只要遇到疑难问题，他们就会轻易放弃，甚至产生厌学情绪。

那些不依赖参考书，完全靠自己的力量去解决难题的同学，每解出一道难题，就会有很大的成就感，这又进一步增强他们的学习兴趣。

另外，推理能力也可以开发思维。人的思维往往偏向于经常思考的问题。比如，小偷每天想着怎样偷到东西，侦探每天则想着怎么抓住罪犯。经常想一件事情，在这方面的思维能力就肯定能得到提高。

那么大家平时多想想，怎么才能更好地学习呢？让思维能力偏向这个方面，慢慢就会找到好的学习方法。

另外，当考试中遇到不会做的数学题时，千万不要马上放弃，多运用推理能力，或许就能找到答案。就算这次考试没有做对，下次遇到类似的问题也绝不会再错。

5. 方法其实就是规律

有位优等生这样说道：

"有的同学问我：'我觉得自己的智力水平在班里算不上突出，现在成绩又比较靠后。你说我有可能在这一年，甚至半年之内赶上去吗？'

"每当这时，我总是斩钉截铁地对他说：'能，一定能！'

"因为在我们那个26人的集体中，有着许多天分很高的同学，与他们相比，我的智商是不具备太强的竞争力的。要说刻苦，其实那时候我们大家成天在一起上课，在一起自习，晚上十点钟一熄灯又得上床休息，即使想要'头悬梁、锥刺股'也找不着地方。因此，我把自己的进步归于方法，也就是规律。"

课堂上的45分钟抓得好，绝对能收到事半功倍的效果，并且能逐渐培养起自己强烈的求知欲。相反，如果我们不能从思想上给予充分的重视，那么这短短的 45 分钟又绝对是转瞬即逝，丢下的东西也许自己当时并不觉得，但往往是今后许多日子想补也补不回来的。

大家都知道上课听讲应当全神贯注，但有一个关键的问题要注意：千万不要被动地一味接受知识，被老师牵着鼻子走；而应该在听明白的基础上，积极地思考。你的大脑应该像机车里的飞轮那样始终不停地飞快旋转着。你可以经常考虑一些问题，比如说：老师现在讲的内容和前面有什么联系？他讲的新定理、新理论能立刻用来解题吗？该怎样用……尤其是在讲例题或习题的时候，你所要做的绝不是目不转睛地盯着黑板，虔诚地等着老师开口讲题，最好能在老师抄题的时候你就开始思考，在他抄完的时候你就开始做题，即使做不完，能想出一个方法也是好的。然后再看看老师用的是什么样的方法，比起你的又如何。如果老师要开始演算解题了，这时千万不要傻傻地看着他一步步把答案做出来。自己一定要亲自动手算一算，哪怕是很简单的几步也好，这样，假如自己的运算过程有错的话一眼就能够看出来。而且，如果你发现自己的方法比老师的还简洁（很有可能），或者自己的推导的过程既干净又漂亮，你会觉得学习这件事竟然充满着这么多的乐趣，那种感觉真的很棒！只要你每一堂课坚持这样去做，经过一个月，你的思考能力、计算能力一定会有进步，你的"实力"一定会有提高。

人人都认为填鸭式的教学方式枯燥无味，希望老师的讲课能有更多的启发性。可是，如果我们能够主动地支配自己的大脑，主动地在课堂上发现、分析和解决问题，你就能够做课堂的主人，在枯燥中发现乐趣，在困惑中找回信心。在你对老师的授课水平感到失望的时候，你自己听课水平的提高无疑是为你的体内注入一剂强心针。

解惑释疑、传道授业，这些主要都是通过课堂来解决的。课堂中，通过聆听老师讲课，不仅能够学到知识，而且还能开发智力，提高能力，掌握方法，养成良好的思维和学习习惯。

小学时代，学生在课堂上听老师讲课是一天学习的主要内容，老师的传授是知识的头等来源。课堂学习是不可替代的学习的基本形式，它的高效也是任何其他形式的学习所无法比拟的。

6. 学数学有方法

这里介绍几种数学学习过程中常用的方法：

（1）分类法

分类法是一种重要的数学思想方法，在数学教材中分类思想的应用比比皆是：有理数的分类、直线位置关系的分类，等等。

正确完整的分类应该满足下列原则：按同一标准分类；没有遗漏；没有重复。

如果有理数分为正有理数和负有理数，这就遗漏了既不是正有理数，又不是负有理数的有理数"0"。

善于分类，能帮助我们把纷繁复杂的材料或研究对象条理化、系统化，形成简化的、有效率的思维方式。

（2）归纳法

通过对若干特殊、具体的情形的分析，得出一般结论的思维方法叫归纳。归纳是人类思维的最基本的方法之一。归纳推理是数学中常用的重要的思维方法，它通常有两种形式：不完全归纳法和完全归纳法。初中数学应用的归纳方法大多都是完全归纳法。

比如，观察下表中的运算结果：

a	a^2	a^3	a^4	a^5	a^6	a^7	……
3	9	27	81	243	729	2189	……
–2	4	–8	16	–32	64	–128	……
0	0	0	0	0	0	0	……

由上表可以推知：

正数的任何次幂都是正数；

负数的奇次幂是负数，偶次幂是正数；

0 的任何次幂仍得 0。

（3）图形法

图形的直观、形象可以帮助记忆。不少同学常出现（a+b）^{2}=a^2+b^2 这类错误，如果结合左下图形记忆公式，就不会出错。特殊角的三角函数值，也可通过记右下图的直角三角形，联想定义而得到。

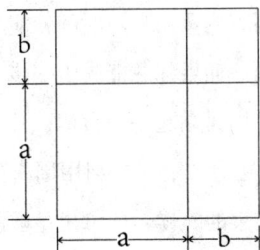

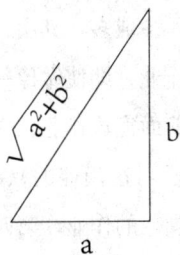

（4）背诵法

日本一位数学家曾说过这样的话："不需要创造力，也不需要分析力。只要把问题的题型背起来，然后套进去做即可。"拿实际状况来说，上过补习班的学生解答复杂算术问题的能力确实强得惊人，但这并非是他们的脑筋特别好，而只是因为他们记住了问题的题型和解法。要独立解答学生入学考试的算术问题是很困难的事，就算让专门使用数学的人来解，恐怕也没办法在规定时间内答出来。由此看来，数学也可以说是背诵的科目。背诵法尤其适用于数学考试前的复习阶段。

学校的数学并不要求学生创造新的数学理论，只要理解以前的大数学家所建构的体系即可；而考试也只是在考学生能否正确地理解这些体系，同时范围均属固定，并要在规定时间内解出答案。

数学公式虽然要背，但并不是一开始就囫囵吞枣地背下来，那样机械性的公式、系数和符号容易变得模糊，最好先把公式的导法记住。

7. 今日事，今日清

尽快尽早地解决课堂上遗留下来的疑难问题。所谓"及时复习"，就是应该做到：首先，趁热打铁，当天的知识当天消化。如果自己苦思之后仍有不明白的地方，要主动地向老师请教或和同学讨论，绝不能让问题积少成多。其次，如果这一天还有剩余的自习时间，应尽早地开始写作业，即使做掉一部分也是好的。如果你总能先走一步，赶在别人的前面完成作业，你就能逐渐在心里树立起一份自信，并且对于培养自己对这门课的兴趣也是很有好处的。第三，利用周末的时间，完成剩余的作业。第四，在每一章结束的时候，应拿出足够的时间来把这一部分的内容做一个系统的复习。只是看一遍书和笔记，完成书上的练习题是不够的，应该在课外的参考书中，找出一到两份难度略有提高的思考题，自己测一测自己。

学习英语的高效方法

1. 学好语音，打好基础

任何语言都是首先以声音来作为交流思想的工具，英语也是如此。在英语中，语音既是一门专门的知识，又与单词的拼写、构词法及句子的语法都有着密切的联系。在实际的学习和使用中，语音的缺陷往往会影响到词汇的记忆，更会影响到在实际语言交际中的表情达意，因为听力和口头表达能力都是以语音为基础的。学好语音语调是打好英语基础的关键。语音语调学好了，记忆单词、输入句子、英语朗读、提高口语、进行阅读写作都有了坚实的基础。所以，学习英语必须从学习语音开始，掌握了一定的语音知识，也就拿到了打开英语大门的钥匙。

英语与汉语属于不同的语系，在语音上与汉语存在很大的差异，这些差异给我们学习英语语音带来了一定的困难。如英语的元音有长音、短音之分，而汉语中则不明显。因此，我们在学习时，常常是长音发不长，短音发不短；英语中的连读，是简化发音动作、提高语速的一种手段，而我们读汉字习惯一个字一个字地朗读；英语中还有一些音在汉语中没有对应的音，我们在发这一类音的时候，往往发不准，或者用汉语中有些相似的音来发，由于发音的部位不同，所以发出的音不准。

那么，语音的学习有哪些要领和方法呢？

（1）准确模仿

我们学习英语语音，主要的途径是在听清老师的发音或英语录音的基础上，进行反复模仿。听是语音学习的第一步，必须要听得清楚明白、准确无误，听不准音就谈不上模仿、学习正确的语音语调。很多同学发音不正确的原因之一，就是没有听清、听准。必须在听清、听准、听熟的基础上反复练习。

当然，练习还需要一定的理论指导，就是要弄清楚每一个音的发音部位和发音方法。有时候，一个音明明听清、听准了，自己却怎么也发不对，这就是因为没有掌握发音的部位和方法，尤其是汉语中没有的语音，要注意把外语和汉语的发音做比较，找出发音的困难所在。领会和掌握发音部位和要领后，再进行模仿练习。如摩擦音 $[\theta]$ 的发音部位和发音方法是：将舌尖放在上下齿之间，让气流通过舌尖和上齿之间的缝隙，然后发 $[\theta]$。

（2）对比学习

学习发音时，还可以通过对相似的语音的对比来掌握发音的要领，把握发音的限度。如很多初学者分不清 $[e]$ 和 $[æ]$ 的发音之间的差别，可以通过对二者的发音方法进行比较来区分：发 $[e]$ 时，上下牙齿之间可以容一指宽的距离；而发 $[æ]$ 时，上下牙齿之间可以容两指宽的距离。这样在练习的时候就有了大致的标准。

对比还可以通过汉语语音与英语语音之间的对比来进行。如汉语中的一些声母 b、p、m、f、d、t、n、l、g、k、h、s、w 等，去掉了后面的韵母后，就与英语的辅音［b］、［p］、［m］、［f］、［d］、［t］、［n］、［m］、［l］、［g］、［k］、［h］、［s］、［w］等音相同。通过这种比较有利于了解英语发音与汉语发音的异同点，能够从对比中掌握规律，获得模仿的主动权。

（3）语境练习

在实际的交往活动中，听、说、读、写不是以孤立的音素和单词为单位进行思想交流的，而是以综合的句子和更高一级层次的话语为单位进行的，孤立的音素和单词的发音在综合的语流中运用会产生很大的变异。如连读、弱化等影响。应该在语流中进行语音教学，在整体的句子里学习英语语流现象，才能真正学好语音。

在真实的语境中现象语音是通过句子把英语语音中所有的现象，包括音素、拼读、重音、弱读、节奏、停顿、声调等统一起来进行的学习。在这个过程中，不仅要练习发音、拼读，而且要培养对英语语调中的一系列特殊现象，包括语流中的连读、同化、弱化等综合掌握及运用的能力。

只有将音素、拼读等单项语音学习与实际的语境结合起来，在真实的语境中学习英语语音、语调，才有利于获得英语语感，掌握正确的语音、语调。

2. 用英语做梦

有人说过：当你开始用英语做梦的时候，你才真正了解英语。不知道同学们有多少人有过在梦中与人用英语神侃的经历，但人们对于英语的执着与向往却从未停息。作为一门语言，英语是传情达意、交流思想的工具，它有着不可替代的社会功能。语言能力包括"听、说、读、写"，这四者又是环环相扣的，少了哪一环节都会使语言能力大打折扣。这是一项综合的能力，它不仅体现了"怎么说""怎么做"，还体现了"怎么想"。

自身的努力更是至关重要。一开始，总是"犹抱琵琶半遮面"地说不出口，脑海中出现一个中文词汇后苦于找不到表达其意的英语单词，所以一句话说了上半句却来不及跟出下半句；有时找到了适当的单词，却又在脑中转着：怎样组词成句，千般小心地避免语法错误。这样一来，本想表达的意思自然失去了魅力，即使说出口也只是最简单的句子，干巴巴的没有韵味。只有让自己多开口，大胆地参加许多活动，英语演讲赛、英语辩论赛，去英语角，主持英语俱乐部，找各种机会与外籍人士练习对话。不知不觉中，心理上的一道屏障就被攻破了。

许多人急于练口语，把工夫只花在嘴上，结果收获甚微。其实，头脑的功夫是不可省的。口语的最大障碍其实是思维方式的障碍，我们往往用中文思考，用英语表达，头脑起了"翻译机"的作用，多转了一弯就造成了许多不必要的耽搁，也抹杀了语言本身的纯正。于是，当我们第一次有了用英语说话的梦境时，心中便充满了胜利的喜悦。

任何一门语言都是精妙的，我们要学习它、欣赏它、驾驭它并非是一蹴而就的事。学语言贵在坚持，古人说得好，一日不学，百事荒芜。有耕耘就一定会有丰硕的果实。学习英语也是如此。

3. 身体各部动起来

语言的学习，离不开反复的练习。口语的练习就是其中很重要的部分。英语也是一种交流的工具，如果只能读写而不能说，显然无法起到它应有的效用。而流利的口语只能来自多说。在学习的过程中，我们很容易发现，积极发言的同学往往口语较好。除了利用课堂上的机会外，课余也要多练。平时有空，多和同学用英语交谈。结英语对子是很好的办法，边走边交谈，既节省时间，又可以互相指出错误，而且同学之间，能够谈论各种感兴趣的话题，也不会感到乏味。同时，多说不仅能提高语言能力，也有助于锻炼思维。想法在脑子里时往往是模糊的，唯有说出来才会变得清晰。要学会用英语思维，这样能节省两种语言之间的转换过程，这对英语学习是很有帮助的。

英语中的听、说、读、写四个过程总是相互促进的。多说了自然也需要多听、多读、多写。

英语学习也和其他学习一样，不光要用脑，还要用心。尤其是面对这样的语言，当你用心去体会、领略它的魅力时，你就会不自觉地为它所吸引，学习就成为一种很自然的过程，而绝不是负担。

4. 羞涩，就立即发言

所谓上口，就是指朗读与会话，或称为口头表达能力；练口语，首先提倡一个"抢"字，我们生活在汉语语言环境中，练英语口语的机会稍纵即逝。练口语，最忌讳"害羞"，怕讲错了被人笑话而羞于动口，永远也讲不出好的英语。练口语有以下几种方式：

（1）模仿。用相同的语音、语调、节奏跟着老师读或跟着录音读。模仿的先行步骤是听，听准了才能读准、说对。

（2）朗读。看着文字材料自己读，可看一句读一句，专注体会，以情统调，声情并茂。朗读时要注意连贯性，做到音、意、情融为一体。

（3）背诵。不看文字材料、不听录音，自己背出原文。背诵要在充分理解内容的基础上进行，而不是死记硬背。背诵可帮助积累语言和文化方面的素材。

（4）复述。学完一篇课文之后，将主要内容用自己的话讲出来，可改换人称和讲话角度等。对于同一内容尽量用不同的表达方式去讲述。

（5）对话。根据一定的情景进行双人、三人，甚至多人之间的对话交流，若情景有一定的故事性，还可配以道具进行表演。

（6）读图。根据图画、幻灯等进行问答练习或独白练习，可描述单幅图，也可讲述系列连环图。

（7）讨论。围绕课文中或日常生活中的某一话题展开讨论，提出鲜明的观点和有力的证据。

5. 像学习母语那样学习英语

一是对词汇的掌握不要局限于课本和考卷上的，更不要局限于为记单词而记单词。要记住单词所处的句子和语境，它就是在什么文章中出现的，要记住它意味着什么，而不要记它的意思是什么。从一种语言到另一种语言是很难精确描述的，只能去感觉和体会。用英语来理解英语，这是学英语的最高境界。就像我们学母语，开始我们并没有任何一种语言供我们参照，只有我们的感觉和习惯。我们是将一种一种的感觉、行动、事物与一个一个的词建立了联系，才将我们的母语脱口说出。因此，掌握一个词的感觉，就掌握了这种语言的一片领地。而且，无论任何单词在我们面前，我们都争取能读它、写它、把握它、而不是记忆、背诵它。因为我们的最终目的是为了学习一种语言，而不是为了考试。

有了大量词汇的积累，再多的语言难点都可以迎刃而解。

在这一过程中，同样也要注意三点：①充分利用书本完全掌握词汇，最好、最省力的方法就是将例句背得烂熟；②要反复记忆，背出单词后要找到一切可能的机会去加强记忆，记忆的牢固程度是和使用的次数是成正比的；③永不停息，背单词的大忌在于背背停停，这样的效果是最差的（虽说比不背好），一旦去背了就要天天坚持，不一定刻意去追求数量，有时一两个也可以，关键在于连续和质量。另外还要加强词义归类，总结常用词的习惯搭配，这对自己水平的提高和应试都是有帮助的。

6. 温故而知新

对已有的知识经常重复，经常使用，才能有所积累。对于已有的知识，只有应用于生活中才能得到巩固，这也是唯一的途径。比如在记忆单词时，某一生僻词初记简单，可只要一段时期不用，必会退出你的单词序列。就要求你有持之以恒的精神，勤动笔，多开口，在实践中不断进步。

生活在中文的环境中，要想使英语口语能力提高，就要有坚定的信心和坚强的意志，并且不能坐等机会，要积极为自己争取每一个机会。

比如看到各种英文标志，我们可以记录下来，梳理一下我们脑海中的英语积累，争取温故而知新。

7. 给阅读提速

有可能的话，多读简单的英语课外读物（特别是假期）。很多人以为自己外语水平已经相当"高深"了，常常拿英文原著来读，结果是读不到 10 页，就在一片枯燥与茫然中放弃，因为有太多生词不认识，有太多即使简单的句子也不理解。应该只找简单的读物来读，发现自己慢慢地对原著也能知其原味了。其实，这跟我们小时候看童话差不多。可能有些字我们不认识，但总体上很简单，情节又很吸引人，于是我们就一本一本地读下去了，我们的知识、理解力也就慢慢增加了。试想一开始就拿一本哲学专著给你看，你能看下去吗？多读一些简单的英语读物，就是将英语中最常用的也是最精华的部分在我们脑海里活化，就是学会慢慢地用我们熟悉的词汇去领会、把握那些掺杂其间的我们不熟悉的字词，并能从情节中体会到我们学习外语的乐趣！

总的来说，语言是一种积累的工夫，日积月累，方能出口成章。临阵磨枪，不快也不光。

8. 用英语学习其他知识

英语学习可以与个人兴趣、专业方向紧密结合，相互促进。这种学习方法特别适用于那种对英语没有多大兴趣，但对某一学科或某一事物有着浓厚兴趣和爱好的孩子。

比如说，一个对中国历史有着浓厚兴趣，可对英语却无多大兴趣的同学，读一些用英文写的介绍中国历史的书，这些书一般内容都很浅，互相促进，互相学习，既学了外语，又长了知识，何乐而不为呢？

副科知识好奇妙

1. 自然课与"自然"紧密结合

我们学习的自然课，其实与我们生活中的自然最贴近，自然课并不是课堂的几个概念、几条理论，因为所有的知识就发生在我们的身边。为什么我们不更聪明一点，从自己对身边事物的直接观察中去得到更生动、更丰富的知识呢？

比如路边或校园里开着一簇簇的花，种着一排排的树，我们经过时，不要很快地走过去，要留心观察一下，然后对自己提出问题。各个季节最先开什么花？为什么不浇水树就会枯萎？水是怎么从树根流到树叶上的……这些问题都属于自然课要学习的内容。

还不光是这些呢。春夏秋冬，不同的季节有不同的温度，每一天，早中晚的温度也是不同的，究竟是为什么呢……

那么，既然学习自然这么有意思，为什么还有很多同学不喜欢上自然课呢？这大概是因为自然太庞大、太复杂了，让大家觉得很难把握。事实的确是这样，不过，现阶段大家所学的，还只是一些表面的东西，有趣，且不深奥。

光这么说，还不能让大家立刻喜欢自然课，我们还要越过一些障碍。要先对日常生活中发生的现象怀着强烈的好奇心，然后通过自然课的学习，把原理或概念进行整理。只有这样，今后才能进一步学习那些更复杂、更深奥的现象。这些原理或概念，都是无数科学家经过毕生努力得到的结论。一个科学家发现或者发明了一种东西，其他的科学家就以这个为基础，找到新的发现或发明。自然这个学科，就是在基本原理和概念上一层层发展起来的。所以，当我们现在直接接触到如此确定的内容时，往往看不到过程中的奥妙与情趣。

实验和观察也成了很多同学不喜欢自然课的理由。实验用品的名称和使用方法好像很复杂，记不住。另外，有人认真实验和观察，却没能得到预期的结果，渐渐失去了兴趣。

所以，探索精神对我们每一个人来说都是至关重要的，不要少年老成，要用一颗好奇的心触摸这个世界的一山一水，一草一木，我们才会有所知，有所获，有前进，有发现。

大家一定都知道著名的科学家爱迪生。他小时候上课时总会提出各种稀奇古怪的问题，惹得其他同学笑话。可正由于这种探索精神，他最终成了一位著名的科学家。

如果你做了许多实验和观察，仍然没能得到预期的结果，也不要放弃。多问一些为什么，也可以请老师帮忙。这时候请教老师，绝不是什么不好意思或羞耻的事情。只有那些勤学好问、具有探索精神的人，才能成为未来的科学家。

请大家平时深入观察日常生活中发生的各种现象，然后把疑问记录下来，通过实验和观察，思考它们的原因。在思考中又会出现新的问题，需要进一步的实验和更仔细地观察。就在这样一个提出疑问和寻找答案的过程中，你会发现，实验和观察的时间过得很快，而且非常有意思。

相信我，请你一定记得，自然课要与"自然"紧密结合！

2. 做个细心的采掘者

在我们学习的不同学科中，蕴藏着不同的丰富宝藏，要求我们做一个细心的采掘者，才会发现其中蕴藏的奥妙和神奇！因为，副科的知识往往更贴近我们的生活。

看一看被同学们称为无所不知的小天才王小燕的两则学习日记吧——

（1）"含羞草为什么害羞"呢？

今天妈妈从街上买来一盆含羞草。曾经听别人说，只要用手碰一下，它的枝叶就会马上合拢，随后又会慢慢还原。当时我听了半信半疑，现在家里有了一盆含羞草，便马上用手指碰了它一下，含羞草果然合拢起来，几次下来都是如此……我想，含羞草为什么会"含羞"呢？我把它放在潮湿的地方，准备观察研究。

今天下起了细雨。一会儿雨渐渐地大了，我隔着玻璃窗，望着窗外的含羞草，发现它在雨水的冲击下，枝叶垂了下来，像躺着似的。我看到此景，心中起了疑惑，便去查阅资料，终于找到了答案：原来含羞草的叶柄下有一个鼓囊囊的包，叫"叶枕"，里面含有充足的水分，它有敏锐的感觉。当你用手触摸它的叶子时，叶枕中的水马上流向两边，叶枕瘪了，叶子就垂了下来。含羞草不只是被手摸时才会垂下叶子的，遇到雨天与强风时，它的叶子也会垂下；而当风雨过后，水分慢慢恢复时，叶子也就恢复原形了。

那天我兴奋极了，跑到教室，把发现的"秘密"告诉了同学。

为了进一步了解含羞草的特性，我又拿出《十万个为什么》，顺着目录寻找有关含羞草的文章，找到了更多信息。

其实含羞草并不是真的会"害羞"，那只是一种善于自我保护的现象。

现在你觉得自然课的知识，是不是又轻松又奇妙呢？

（2）天空为什么是蓝色

我们看到的天空，经常是蔚蓝色的，特别是一场大雨之后，天空更是幽蓝得像一泓秋水，令人心旷神怡，跃跃欲飞。天空为什么是蔚蓝色的呢？

大气本身是无色的。天空的蓝色是大气分子、冰晶、水滴等和阳光共同创作的图景。

阳光进入大气时，波长较长的色光，如红光，透射力大，能透过大气射向地面；而波长短的紫、蓝、青色光，碰到大气分子、冰晶、水滴等时，就很容易发生散射现象。被散射了的紫、蓝、青色光布满天空，就使天空呈现出一片蔚蓝了。

3. 趣味记忆不枯燥

对于我们来说，地理课上，好多好多的地名，是不是我们都很难熟悉呢？送你有趣的世界地名串烧，好吗？

（1）世界地名串串烧

这次我经历了一场很特别的旅游，现在，我来讲讲我的经过。

我坐着洛杉矶飞到了一个曼谷，在港口我坐轮船，它的名字叫阿根廷（艇）。它好豪华，船头竖着攀枝花，后尾张着格陵兰，中间立起的是吐鲁番（帆）。坐到码头，我又去租了一匹巴拿马，刚骑到一半就有一头戴有好望角的罗马向我冲来，我立刻躲进了柬埔寨。

哇！在稻田里种的都是丹麦。那里我有一个哥哥，他叫墨西哥。还有三个姐姐，一个叫苏格兰，一个叫英格兰，一个叫爱尔兰。他们答应特别款待我，带我走进了一家名古屋，在顶上漆着日内瓦，桌上摆了一瓶秘鲁，还有一些水果、刚果、苏丹等。我咬了一颗刚果，太硬了，弄得我掉了两颗大阪牙：一颗西班牙和一颗葡萄牙。桌上还摆着一盘红烧洛杉矶（鸡）和一锅清蒸乌拉圭（龟）。

我又走进了一间名古屋，眼前一片慕尼黑，我急忙打着希腊，发现地上铺着一张巴基斯坦（毯）。我睡了上去。等我睡醒，全身湿漉漉的，好一阵阿富汗。

突然想上WC，去方便一下，发现里面有人，他的名字叫阿拉伯，他说，你先蹲，我后蹲，我们两个伦敦（蹲）。

我的旅行结束了！

（2）趣味地理故事多

①牛郎织女与星空图。民间传说，织女下凡与牛郎过着男耕女织的自由生活，王母闻讯后强行将织女带回天宫，牛郎挑着孩子追上天，狠心的王母又用金钗划出一道天河（银河）把他们隔开。仰望夜空，天琴座的织女星与邻近两颗较暗的恒星组成三角形，很像织布的梭子，天鹰座的牛郎星与两颗暗星组成"一"字状，像是牛郎用扁担挑着两个孩子。银河的走向与牛郎织女星的连线相垂直，就像把他们分隔在"河"两岸。

②火烧葫芦峪与气旋。三国后期，诸葛亮北伐中原、六出祁山。

一次将司马懿父子及所率魏军困在葫芦峪，遍山燃起大火，欲将敌方全部烧死。司马父子自度难逃此劫，抱头痛哭等死。不料突然一场大雨浇灭了山火，司马氏得以死里逃生。这场雨其实不是什么"天意"，恰恰是诸葛亮自己制造的。熊熊的大火使此山区的近地面空气受热上升，气压降低。低气压区形成气旋，其中心因空气上升冷却凝结而降雨。就是说，葫芦峪里下了一场气旋雨。诸葛亮虽然通晓天文地理，但毕竟缺乏现代科学知识，不识"气旋"是怎么回事，否则，他可能会用另外的战术来歼灭魏军。

③借东风与季风。赤壁之战前夕，周瑜调兵遣将，打黄盖，献连环计，为火烧曹军精心准备。突然间，他想起自己竟然疏忽了一件大事，一下子急出病来。诸葛亮借探病之机，挑明周瑜的病根是"只欠东风"，并应允借东风相助。周瑜为什么"欠"东风呢？因为赤壁古战场在我国东部季风区，当时正值隆冬，盛行西北风，极少刮东南风。曹营在江北，东吴在江南，用火攻反会烧了自家。周瑜焦急是有道理的，它符合气候规律性。而所谓"借"东风，其实是诸葛亮预测到冬至前后短时间天气反常现象，故弄玄虚而已。由这则故事能自然地引出季风、气候、天气等概念。

④密度流与洋流。第二次世界大战期间，德军潜艇经常从地中海出入直布罗陀海峡，在大西洋袭击盟军。盟军吃了几次亏，便派战舰守住海峡，用声呐盗听，计划一听到潜艇的马达声便用深水炸弹将其炸毁。监听多日，毫无声响，德国潜艇竟又神不知鬼不觉地溜出海峡，出现在大西洋中。原来，直布罗陀海峡表层海水由大西洋流入地中海，底层海水由地中海流入大西洋。德军利用这一点，过直布罗陀

海峡时，关闭所有机器，借助海流而行，盟军守株待兔却让"兔子"在眼皮底下溜走了。这股海流属于密度流，究其成因可引入课本要学的内容。寻找密度流与洋流的成因。

⑤自然带与地形。在侵越战争和海湾战争中，美国都打出了空军王牌，但结果截然相反，除政治原因外，两地自然环境不同是很重要的原因。越南地处热带季雨林带，在"胡志明小道"沿线，森林遮天蔽日，加上崎岖的山地地形，在空中很难观察到地面的军事动态。美军用电子监听等高科技手段来确定轰炸目标，也收效甚微。而伊拉克与科威特大部分地区是热带沙漠，地表平坦，植被极少，面对多国部队"地毯式"轰炸，伊军毫无隐藏可言，只有挨打的份，战斗力严重损伤，注定了吃败仗的结局。由此可见，自然带与地形，对于空袭战，起了不可小觑的客观影响。

⑥流水的侵蚀和搬运。清代学者纪昀在《阅微草堂笔记》中记载：某土地庙前石兽因河岸崩塌掉入河中。十多年后重修山门，寻找石兽，它却不在原落水处，也不在下游。一位老兵说，应该在上游寻找，依他的话，果然捞出了石兽。石兽为什么会向上游"跑"呢？原因在于，石兽落水后对水流形成阻力，使周围水速更快，冲刷能力更强，其下面迎水流一侧的泥沙逐渐被水冲走，成为空穴。久之，石兽因重力作用朝着迎水流的方向倾倒，如此再三，便向上游移动了一截。可见老兵的判断是正确的，流水的侵蚀和搬运作用，使石兽能"逆水而行"。

最后，还有一些巧妙的地理知识记忆法。

（3）歌谣记忆

在《中国地理》中，许多知识都可编成歌谣来记忆。例如，中国政区首字歌：两湖两广两河山，五江二宁青陕甘，云贵西四北上天，内蒙台海福吉安。

再如中国沿海的 14 个开放港口城市，从北到南的顺序可记为：

大、秦、天、烟、青；

连云、南、上、宁；

温、福、广、湛、北。

分别代表：大连、秦皇岛、天津、烟台、青岛；连云港、南通、上海、宁波；温州、福州、广州、湛江、北海。

人口在 400 万以上的 9 个少数民族可记为：满、回、苗、彝、藏、土家、蒙、维、壮。中国的山和河流，也都可编成歌谣来加强记忆。

（4）趣味记忆

地理知识都与学生的生活有紧密的联系。如把《中国地理》的有关内容与旅游结合起来，会使学生有极大的兴趣。在《中国铁路》一节中，可用游戏来完成这一兴趣记忆。把每一组定为一个旅游团，完成一条旅游路线。试举一组同学的路线：

甲：我乘火车呼市发，要去北京天安门；

乙：北京站，我上车，去参观济南趵突泉；

丙：济南站，我出发，来到上海外滩上；

丁：上海站，我出发，要到杭州钱塘江；

…………

在游戏中，自己选择去向，后边的同学跟着延续下去，做接力旅游。这种记忆形式我们可在闲暇时间随便玩，是一种良好的记忆方法。

（5）模仿记忆

地理知识中有许多内容要求具有丰富的想象力来认识地理事物的空间、时间。单靠想象去理解和记忆较为困难，模仿后再记则容易得多。如《地球的运动》一节中，辅导学生做"三球运动"的演示。你可以与你的好朋友分别充当太阳、地球、月球做旋转运动，其他同学在旁观察、分析各球的运动轨迹与有关现象。在这个模仿中，"地球"要记住自己绕太阳转一圈用了365日5小时48分46秒，自己自转一圈即360°，需时间23小时56分4秒，"月球"要记住自己绕地球一圈用29天半。这样，较为抽象的概念和枯燥的数字就会被清楚地记下来。

（6）谐音记忆

将记忆内容编制成另一句与之发音相似的话来帮助记忆，其特点是将枯燥无味的内容变的诙谐幽默，使记忆深刻。例如，在美洲的物产时，我们想象："中美洲各国都有咖啡馆，服务员一律是男士，都围着一条沙质地的领带，人们称他们'围、沙、哥'。"其实是记忆取了3个咖啡生产国家的名称谐音，即代表危地马拉、萨尔瓦多、哥斯达黎加。这样，就非常容易地记住了，又可以想象：中美洲有一种鸟，红红的嘴，每天吃香蕉，会学说话，像内蒙古的八哥鸟。人称"红、八、哥"。其实是洪都拉斯、巴拿马、哥斯达黎加3个产香蕉国。

记忆的方法还有多种多样。如对比记忆法，在书写描述性答案时可用网络记忆法、线条型记忆法等。

第八章
考试宝典——快乐考试
进行曲

考试——勇敢者的游戏

　　考试对于学生是正常的事情，如果没有考试，你就很难知道自己比别人好在哪里，差在哪里。我们只有在和别人的比较中，才看得到更清楚的一个自己，才可以查漏补缺。甚至没有了考试，我们自己都会迷失，我们都不知道的现在和过去比是进步还是倒退了！

　　在著名的《格林童话》里，有很多勇敢者的故事。这些英雄似乎从不知道什么是害怕，无论面对巨人还是魔鬼，都毫不畏惧，什么样困难都能克服，正因为他们"勇敢"，头脑冷静，在危急时刻总能想出很多办法来，把平常积累的功夫充分发挥出来，所以他们的运气反而比胆小鬼好得多。

　　"灵机一动，计上心来。"只有勇敢者才能做到，胆小鬼早就吓得心慌腿软，浑身发抖，甚至逃之夭夭了。

　　当你面对考试的时候，会像你喜欢的英雄一样，勇敢地面对和破解试卷上那种种唬人圈套吗？

　　不怕考试，就要用平常心来练好学习的平常功。

　　平常功练得怎样就反映在你的考卷中。在考试中得到的教训，是比分数更重要的财富。一张考卷，全面反映了一个学生的学习状态：

思维特点、学习习惯、学习方法，课堂听讲状态、应考技巧……

送给你一个小故事：

意大利小提琴家帕格尼尼，其高深的琴技受到人们的称赞。

有一天在音乐演奏会上，一位听众以为他的琴是特制的，才会演奏得这样好听，便要求看看他的小提琴。检查之后却发现跟一般的琴没什么两样。帕格尼尼看出他的心事，便笑着说："老实告诉你，随便什么东西。只要上面有弦，我都能拉出美妙的声音。"

那人便问："皮鞋也可以吗？"

帕格尼尼回答："当然可以。"

于是那人脱下皮鞋，递给帕格尼尼。帕格尼尼接过皮鞋，在上面钉了几根小钉子，又装上几根弦，便拉了起来，皮鞋在他手上，竟也发出了小提琴一样的美妙旋律。

帕格尼尼就这样轻松地通过了用"皮鞋演奏"的"考试"，证明了自己的才能。

考试即将来临时，是不是有一种"山雨欲来风满楼"的感觉？其实，完全没必要让自己如此紧张，考试对于我们每一个人来说，只要把自己最精彩的写在试卷上，给我们的老师检查，这就已经足够了。

开始进攻"敌人"

　　不必把考试当作艰难险阻，考试只是一条河，外表看起来，无边无垠，实际上却很浅，相信你自己，你就完全可以蹚过这条河，到沿岸采摘到胜利的鲜花！

　　从我们上学开始起，我们就开始不断地面对考试了。有时候，我们必须承认：战胜考试比战胜考试中的各项题目更重要！你见过拳击比赛吧，进攻能力很强的高手总是能用恰当的力量击中对手的要害，如果你总是白白费尽力气又总是打不中要害，当然控制不了局面，最后趴下的肯定是你！

　　会揣摩老师教学要求的学生会想：考试会考什么内容和考题？老师期望我做什么？多数情况下，老师都会在复习时向学生提供大量考试信息，会进攻的学生往往心领神会，把握老师暗示的情报。

　　考试重要的核心问题是要知道考官究竟要考我们什么。考试情报不像军事情报那样绝密，进攻型的选手对老师发来的信号很敏感。

　　老师会用两种方法来测试你：一种是你学过的知识，一种是你没学过的。第一种测试里老师想知道你学习的程度是否达到他的要求；第二种测试里老师想拉开学生的成绩差距，可能会出些吹毛求疵的问题，难度可能会超出课本的要求。

你勘测好"敌情"，就可以设计自己的应考方法了。

你可能拿到一张理想而合理的考卷，由具备多年教学经验的老师出的，能够科学地测定你的学习效果，那么你能很容易地表达你学到的知识；如果你的老师出了与课本无关或联系不大的题，你难以表达你所学的知识，那么你也不必紧张，你不会的题，别人也未必做得出来，我们要相信自己进攻考试中的困难的能力！

当然，要想成为一个进攻型的高手，平时也要多注意积累学习方法，多提高自己的实力，只有自己的知识储备十分深厚了，我们才有能力进攻敌人，不是吗？

考试前的心理按摩

对于考试来说，成绩的好坏与考试心理有直接的关系，介绍一套考试前的心理按摩术，从不同的角度，为你的心理按摩，帮你放松，为你解决好考试心理紧张的各种问题。

1. 饮食法

多吃一些如草莓、洋葱、柑橘等富含维生素 C 的食物，有直接减轻心理压力的作用。

2. 活动法

适当运动，在学习间隙多做一些活动，通过娱乐的方式来舒缓一下自己紧张的神经。

3. 转移法

不要总想考试的事情，可以想一首歌，想念一个我们远方的亲人，转移一下我们的注意力。

4. 睡觉法

充足的睡眠，能保证精力充沛、心理的宁静。可以闭上眼睛，想象有一只可爱的猫咪，在阳光下舒展四肢，懒洋洋地躺在草地上……

5. 自信法

鼓励自己，这个阶段确实努力了，考试一定会发挥出"平常功"！每天早上和睡觉前，都对自己微笑。对自己说"我真棒"！

6. 深呼吸法

进入考场后，如果觉得紧张，就深深地吸一口气，把肚腹鼓起来，再缓缓地呼出去，你会觉得心跳不那么快了，身体也舒服了。

7. 听音乐法

听一听我们平常最喜欢的音乐，告诉自己，这其实和平时没有什么不同。

答卷有高招

有的学生一进考场，拿到考卷就紧张，不知道怎样答卷才好。但是，不管采用哪种答卷法，开始都要先写好自己的名字，大致看看题目的数量，以便分配好答题的时间。

答卷的确是要有方法的，送你答卷的高招如下：

1. 按照顺序，先易后难答卷法

这就是说按照题号的顺序审题，会一道就先做一道，一时不会的题目，先跳过去，继续往下答，直到把会做的题目做完；然后，按照这个方法，把第一遍没做出来的题目再过一遍，认真思考，把其中会做的题目全做完。如果还有时间，则集中精力去突破最后的难题，如果没有时间了，起码已经把会做的题目全做完了。

这种答卷方法的优点如下：首先，可以迅速解除考试紧张心理。拿到考卷后，由于很快就进入答题状态，注意力全部放在回答会做的题上，没有时间去想别的事情，使得刚进入考场时的紧张心理很快得以缓解，随着答题数量的增加，心中越来越有底，信心不断增强，从而彻底解除了心理上的紧张状态。其次，这样答卷可以避免把时间过多地花费在难题上，而使自己明明会做的题目到最后却没有时间去答。每次考试下来总有一些学生后悔在考场上没有先做容易的题，结果是难题没做出来，容易的题也来不及做了。

这种答卷法最适于考试时容易紧张的学生，因为它可以迅速缓解紧张心理，尽快进入答题状态，使答卷效率得到提高。可以说，这是一种比较稳妥的答题方法。

2. 全面看题，先易后难答卷法

这种方法就是拿到考卷后，先把所有的题目从头到尾看一遍，做个一般了解，再把答题的时间大致分配一下，然后开始做题。当然也是先做容易的题目，然后再做较难的题目，最后再做难题，直到把题全部做完。

这种方法的优点是：一开始就对试卷有了全面的了解，能够比较科学地分配好答题时间，对考试结果也能初步做出估计。

学习优秀、自控力比较强的学生适宜选择这种方法。因为看完题以后，知道大部分题目或者全部题目都会做，信心就更足了，可以冷静地把题目做完。

这种方法的缺点是，如果看完部分或全部题目之后，发现很多题目不会解答，紧张的情绪就会进一步加剧，甚至会惊慌失措。因此，这种方法对学习基础较差，或自控力弱的学生是不适用的。那些学习虽然不错，但容易紧张，不善于控制自己情绪的学生，最好也不采用这种方法。

3. 按照顺序逐一答卷法

这种方法就是按照题号顺序，一道题一道题地做。这种方法的优点是可以迅速地把注意力集中到答题上，缓解紧张情绪。缺点是想一遍就把题做完，忽略了先易后难的原则，如果碰到不会的题就要耽误时间，没有机会去解答后面会做的题目。有些学生平时养成了一种钻研的精神，题目做不出来，绝不罢休，这种精神是可贵的。可到了考场上，答题的时间有限，还是应该先把会做的题做完以后再去钻研难题，从这一点来说，这种答题方法是弊多利少。

对于大部分学生来讲，考场上的时间是十分紧张的，经常出现做不完题的现象，因此，在答题时，书写一定要快，以便挤出更多的时间用于思考问题。当然，也不能为了图快而书写潦草。有人提出答卷时要"袖手在前，疾书在后"，这话指出了答题时正确的快慢观。在答卷时应注意以下问题：

（1）想不起来，先放一放。在做题过程中往往出现这样的现象：明明记得很清楚的内容，到时候竟然会想不起来。遇到这种情况，不要坐在那里冥思苦想，可以把此题放一放，先去做别的题目，有时遗忘的内容会突然"再现"出来。如果回过头仍然想不起来，就可想一想与这一遗忘内容相近的知识或有联系的事情，通过联想使问题得到解决。当然，这种现象的出现反映了对知识的掌握还不够熟练，应该引起重视。

（2）仔细检查，更正错误。试卷答完以后，如果还有时间，就要抓紧时间检查。检查时，要先检查容易的、省时间的、错误率高的、自己没有把握的题目，后检查难的、费时间的、错误率低的、把握大的题目。有的学生忘记了考场上检查的时间是有限的，固执地先检查分数多的题目，结果刚好碰到难题，由于题目复杂，不是检查不完，就是查出了问题也没有时间改正，结果白白浪费了时间。对于那些查出了问题也没有时间改正的题目，就不要检查了，这倒是一种比较现实的态度。

克服怯场

一般的怯场表现为临场情绪紧张、面红耳赤、心慌、出汗以及回忆和思考出现不同程度的困难。严重的怯场也叫晕场，会大大影响考试，甚至中断考试。

一般来说，怯场的原因大致有以下几个：

首先，怯场往往与学习基础不扎实、学习信心不足有关。由于对考试的成功期望过高，或者极怕出现由于失败而产生的不良后果，心理上承受着巨大的压力，神经系统对刺激的耐受力差，尤其是那些娇生惯养怕困难的学生，那些在考前开夜车、过度劳累的学生，往往神经系统更加脆弱，经受不起强烈的刺激。

其次，考场上出现了意外情况，而对这些意外毫无思想准备。例如，突然发现看错了题，少做了题；检查时发现了不少差错；身体出现了点毛病；因迟到耽误了考试时间等，这些意外都会成为恶性刺激。

最后，这些刺激都通过对考试成败的夸大认识而起着恶性循环的作用，使紧张情绪愈演愈烈，直到出现怯场现象。

就上述情况看，应该采取一些积极的措施，调整心态，预防怯场。

（1）要正确认识考试的意义，尤其是在考场上不要去想考试成败会带来什么结果，而要把主要精力放在解题的积极行动上。

（2）遇到意外情况要积极补救。遇到难题不要急躁，而要冷静、沉着地对待。有的学生遇到难题做不出来，心里就想："我做不出来，别人大概也做不出来。""这道题做不出来，努力把别的题做出来。""这门没考好，争取把下几门考好。""这次考试，就作为一次考试的练习吧！"这样一想，就会冷静得多，题目反倒做出来了。

（3）如果有怯场感，可以立刻去做比较容易的题目。如果这样做还调整不了情绪时，可以伏在课桌上休息一会儿，此时千万不要想考试的事，直到心情平静下来为止。

（4）考完试以后不要对答案，以免影响下一科的考试情绪。如果老师、家长或同学主动来问，尽量婉言避开这个问题。考完一科后，要立刻把注意力转移到下一科考试的准备工作上去，不要让过去的失败纠缠自己。这是一种积极的做法。

需要强调指出的是，不要把考试时必要的紧张也看成是怯场。考试时有点紧张，对调动人体的潜力、集中注意力、提高思维的效率是有一定好处的，平常说的"急中生智"就是这个道理。这种紧张只要没有影响到自己的回忆和思考，就不能叫怯场。

从怯场现象也可以看出，考试不仅要考学生的知识和能力水平，还要考每个学生的思想水平和意志品质。平时不注意这方面的锻炼，难免导致怯场。

学会对症下药

每一次考试结束，你对成绩的估计会有所偏差吗？如果这次考试失利，你会怎样分析考试中的失误？请不要为分数而苦恼，重要的是要学会对症下药。

可以仔细分析一下自己是基础知识上存在巨大的缺陷，还是应试技巧上出现了什么问题，但都不必焦虑，因为对于我们无止境的学习来说，我们也存在无止境的考试。

如果基础知识存在缺陷，可以总结一个错题集，要知道考卷中的试题都是高度浓缩的试题，一道试题，可以开发出许许多多的知识点，可以借此机会，重新回归书本，查漏补缺，顺便复习一下整个章节的知识内容，重新整理出一个知识结构，如此一来，你的基础知识网络就会更加详备，不会轻易被攻破了。

如果是你缺乏应试技巧、出现紧张等情况，可以在日常生活中，多做几套模拟题，也要模仿考试中的时间，定量、定时完成题目，多检测自己。

每一次检测，如同每一次考试，每一次失利，都留给你一次宝贵的经验。

送你"薯条加鸡蛋"

送你"薯条加鸡蛋"！是的，就是每个学生都是想得到的 100 分。

诚然，每个班的第一名只有一个，谁不想让自己成为最优秀的。当你屈居人下的时候，你是不是不服气？好的，没有关系，如果你还想要薯条加鸡蛋，你就要付出比别人更多的努力，而且要有正确的应试方法。

讲了那么好多方法，你学会了，成绩提高了，当然就不怕考试了。

对于学习来说，一分耕耘一分收获，每一颗挥洒的汗水都是有所回报的，天道酬勤，只要你付出的努力比别人多，100 分，毫不犹豫的就会落到你的成绩单上。

记得努力啊！也要记得坚持啊！相信，薯条加鸡蛋，真正属于你！

既然考试是学生不能避免的事情，既然老师也只有这一种方法来检测你吃了"几个烧饼"，你就该换个角度想想，嗨，怕它干什么呢？就像你打电子游戏一样，你必须打造自己的铠甲，必须参与斗智斗勇才会获得游戏里的乐趣。你学会了学习的谋略，你的成绩是自己智慧的表现，参与这个游戏，把它抓到自己的手心里来，目标——薯条加两个鸡蛋！这样想想，就放松了，放松才会让你得到最好的心理状态，你在考场上才会发挥出色。

摔倒了也爬得起来

即使是学习成绩最优秀的同学，也会遇到难题，最重要的是解决问题的能力。

一次失败并不表示永远的失败，但如果你在一次失利的时候，就放弃了信心与斗志，那时候，才算你永远的失掉了你自己！

胜败乃兵家常事，大人们也会有失败的时候。好多人因为暂时的失败就彻底认输，成了一个碌碌无为的人。有个故事说明了这个道理：

一头驴子，不小心掉进一口深深的枯井里，主人想了很多办法来救它，费了好多时间，还是没有办法把它拉上来，它在井里大声哀鸣。

最后，主人想，反正这头驴子也老了，不值得再费力气救出来。与其看驴子被饥饿和绝望折磨死，还不如现在就埋了它，减少它的痛苦。

他开始铲土，往井里填。

泥土一铲一铲填进枯井中，驴子知道主人要埋掉它了，叫得更凄惨了。

但过了一会儿，它安静下来了。

主人好奇地往井底一看，大吃一惊。

原来，泥土落在驴子背上时，它就把泥土抖落到井底，然后站在泥土上面。

泥土越堆越高，驴子也就越站越高，最后它跳出井口，得意地叫了起来。

人在长长的一生中，也会经常陷入困难的"枯井"，被各式各样的"泥沙"掩埋。要从这样的"枯井"里爬出来，秘诀就是：把"泥沙"抖掉，把失败作为走向胜利的垫脚石。这就是失败的"考试"给你的礼物！

考试失利不是最可怕的事情，最重要的事情是摔倒的时候，我们要对自己说："摔倒了，我也爬起来。"

然后，我们要总结自己的经验教训，看一下自己——

是马虎粗心写错字被扣分的吗？

是中心思想理解错被扣分的吗？

是看错题意被扣分的吗？

是作文跑题被扣分的吗？

是对阅读理解不透彻被扣分的吗？

……

只有找到自己的缺陷，才能就像医生开药方一样，"记录病情，对症下药"。

任何时候都要相信自己，甚至当所有人都不相信自己的时候，我们自己还是要相信自己，要坚信，摔倒了我们依旧爬得起来。

找到方法，要翻身，并不困难，当我们"还击"的时候，也是我们重新展现自我风采的时候！

温习智慧小册子

知道什么是智慧小册子吗？让我来教你制作一个简单的智慧小册子，帮助你学习。

只要把平时的考试卷子汇编成册，多加温习，那么，温故而知新，你会收获到意想不到的学习效果。

因为考试中出错的题目你当然会留意，可是那些掌握得不是很牢固的知识点，可能考试的时候，也会"蒙混过关"，甚至考试后总结的时候，那一部分的知识也常常会被你忽略掉。所以有必要把老师精心出的题目汇编成册，有时间就拿到手头翻一翻，哪怕针对考试中答对的题目，你也要多加留意，因为很多重要的内容，你掌握的深度往往是不够的，你以为你会了，其实很有可能理解得依然很肤浅。所以我们建议：不要轻视考试中的任何一道题目，常看常思，重在温习，一道题目，可以从不同的角度来思考。

当你把这本智慧小册子研究通透后，可以模仿每一份试题，自己再出一份模拟题，考一考自己，当你自己会出题目考察自己学过的知识是否牢固的时候，我相信，你已经掌握了战胜考试的武器，可以从容不迫地面对下一次的考试了。基本上，你就再也不必担心不了解考试的概念和考试规则，也就避免了在规定的时间里答不完题，或者考试紧张了。

　　只要一个细心的行为，就可以改变你的学习状态和考试成绩，所以一定要记得做一本智慧小册子，还要记住多加温习啊。而且，翻一翻你的试卷，你会在不经意中发现自己的成绩越来越好了，100 分也越来越多了！

九大学科提高学习效率的方法

学习要讲求效率，否则既浪费时间也学不到什么东西。那么，如何才能提高孩子的学习效率呢？

一、要掌握科学的学习方法。家长要加强对孩子的"学法"指导，使孩子善学，遵循学习的规律，结合自身的特点来选择学习方法。孩子学习能够取得成效的最基本的步骤是：预习——听课——复习——作业——小结。因此，在指导孩子学习时，要在这五个环节上做好文章，预习弄清难点，听课领会关键，复习扫除疑点，作业全面巩固，小结形成系统。要求孩子做到"先复习后作业，先预习后听课，先思考后提问"。

二、提高时间的利用率。要督促孩子讲究学习的速度，特别是做作业时要集中精力、一鼓作气，决不要东张西望、拖拖拉拉。平时要指导孩子见缝插针，善于利用零碎时间。家长还要根据孩子的自身特点，找出用脑最佳时期，对孩子学习时间做出合理安排。

三、保持良好的心境。一个人心情好时学习效率也高。家长要帮助孩子克服骄躁、灰心丧气等坏毛病，培养他的学习责任感和学习兴趣，以安静整洁的环境和浓厚的学习气氛来诱导孩子良好的学习心境。乐观健康的情绪，稳定良好的心境，有利于提高学习效率。

四、优化学习的策略。家长要指导孩子学会将知识归纳比较，找出异同点，从而掌握举一反三的学习策略。

下面我们将讲述各个学科具体而详细的学习方法与技巧，以期对孩子的学习有所帮助：

·语文·

学习语文没有一个速成的方法，最大的必要是积累，学习方法没有一个现成的模式，不能照搬别人的方法。

一、多读书：不是说要看鲁迅、茅盾的小说就一定会有效果。多读是建立在精读的基础上的。读文章时一定要注意它的内涵。同时要反复看课文上的文章，将精彩之处做上标记，写上自己的感受、思考。

二、多练习写作：可以通过写日记的方法，不管是杂文、散文，还是小说，都可以写，写完了要反复修改，这样才能真正提高自己的写作能力。要多思考，学而不思则罔。

三、多注意观察：注意观察生活的同时，你会发现生活中有很多素材可以成为写作的素材。

四、语文的习题训练：并不是多多益善，做题是为了掌握思路、掌握方法。

语文学习的过程是不断积累知识的过程，具体可归纳为"三部曲"：理解—识记—运用

理解：语文学习固然要多看课外书籍，多读好文章，多看报纸，甚至标语、广告，古人所谓"处处留心皆学问"，要全方位接收外来信息，为什么现在的学生错别字特别多，而且稀奇古怪，不懂词义是主要原因。

识记：许多学生前学后忘，学期刚开始教的内容到中途就忘却了，时过境迁就不再有什么印象了，分析原因主要是没有用心去读，用心去

记，除了在理解的基础上背诵外，必要的还要做笔记，好记性不及烂笔头，眼过千遍不如手抄一遍。徐特立老师有一条重要的读书经验是"不动笔墨不读书"。

运用：俗话说"学以致用"，从某种意义上说，知识积累的多少和运用的好坏，都在作文中体现出来。现在学生中存在的问题是学归学，写归写，把学与写决然分开，不会模仿名篇的构思布局，学了那么多优美的词语不会灵活地运用到自己的文章里去，文章内容空洞、枯燥、乏味。学与用是相辅相成的，常用可以达到巩固知识的目的，而学又为写提供了源头活水。

学语文难，难在需要你持之以恒地积累，难在必须遵循语文学习的规律，运用"理解、识记、运用"的方法，坚持多看、多思、多写，做生活的有心人，那么阅读和写作能力是会逐步提高的。

·数学·

数学学习离不开代数和几何，所以这两个数学的分支有不同的学习方法。代数注重变化的能力，几何注重抽象思维、辨别图形的能力。所以说对于代数和几何要区别对待，学习方法有所差异。

一、方法

1. 代数学习法

（1）抄标题，浏览定目标；

（2）阅读并记录重点内容；

（3）试作例题；

（4）快做练习，归纳题型；

（5）回忆小结。

2.几何学习法

（1）书写标题，浏览教材，自我讲授，写出目录；

（2）按目录，读教材，自我讲授几何概念及定理；

（3）阅读例题，形成思路，写出解答例题过程；

（4）快做练习，小结解题方法。

从以上的方法中，我们可以看出学习代数和几何的不同之处，但是也有相同点，这也是数学学习的精华所在。

二、习惯

1.草稿：在打草稿的时候，字总是很大，并且很不整洁，这可以导致计算时的错误和后期检验的问题。

2.审题：读题时候的认真也是很重要的，审题不清往往会导致错误的结果，或者浪费时间，特别是在考试中，浪费了时间就很可能做不完题目，导致丢分。

3.效率：这一点是很多学生的通病，比如，你做着做着，突然觉得很厌倦，于是这里看看，那里瞧瞧，也许看到一个题目很长很长，顿时就不想做了，发发呆，转转笔，于是今天又要"奋战"到很晚了。久而久之成了习惯，那就很难摆脱了。

4.书写：规范书写，保持书写清洁的习惯。作业的格式、数字的书写、数学符号的书写都要规范。书写包括了格式，大家都知道，答案在试卷中只占有很少的分量，错了结果，扣一分，错了过程，也许就要扣得多了。而过程与格式有密切的关系。所以一定要注意书写。

习惯不是一朝一夕养成的，而习惯的培养却要从一点一滴做起。只有平时注意有效学习，才能逐步形成使自己终身受益的良好习惯。

三、态度

数学学习态度也是尤为重要的，态度很多情况下由心情决定。可是人不能想学就学，如果你的学习态度不好，厌学，干脆先别学，去放松一下自己，呼吸一些新鲜空气，让自己放松，使自己愉悦起来，于是，什么在你眼中都变得可爱了。

·英语·

一、句子比单词重要

单词没有多少实际运用的价值，机械记忆的单词量再大，也不会真正提高你的外语水平。要养成背诵句子的好习惯，因为句子中既包含了发音规则，又有语法内容，还能表明某个词在具体语言环境中的特定含义。

任何语言都是活的，每天都会发展，学习陈旧的语言毫无新鲜感，而且基本无处可用。不鲜活、不入时、不风趣幽默的语言不是我们要学的语言，多读外文报纸、多看原版影视作品才会有助于补充新词汇。

二、听不懂也要听

听不懂也是一种学习，虽然暂时听不懂，但你的耳膜已经开始尝试着适应一种新的语言发音，你的大脑在调整频率，准备接受一种新的信息代码，这本身就是一次飞跃。

练习听力，要充分利用心理学上的无意注意，只要一有时间，就要打开录音机播放外语磁带，使自己处于外语的语言环境中，不用去有意听，只要你的周围有外语环境的发音，你的听力就会提高。

三、敢于开口

学英语很重要的一点是用来和他人交流，但开口难也是中国人学英语的一大特点。

学口语最好的办法，不是做习题，不是背诵，也不是看语法书，而是反复高声朗读课文，这种做法的目的是培养自己的语感，只有具备了语感，才能在做习题时不假思索、下意识地写出正确答案。而且，当你熟练朗读几十篇课文后，很多常用句子会不自觉地脱口而出，所谓的"用外语思维阶段"就会悄然而至。

四、"盯住"一套教材

选中一套教材，以它为主，其余材料都作为补充。不要频繁更换学校，不要盲目崇拜外语学院，这些学院确实有很长的历史和经验丰富的老师，但是有时也有局限性，教材陈旧、观念陈旧、方法陈旧是他们的通病和致命缺点。

五、寻找一个学习伙伴

学习英语还要有较大的动力。每次你坐下来学习，无论在家里还是在语言中心，都需要短期动力集中精力读和听。但更需要长期动力，保证每天经常做这样的事情——这是最难的。所以许多人开始学习英语，过一段时间很快就放弃了——我们学习英语不是一个持续的提高过程，而是通过一系列的突然提高以及间隔着似乎没有变化的阶段，这就是所谓"高原效应"。

避免"高原效应"的好办法是：尽量不要完全一个人学习。如果你不能到语言中心学习，至少你应尝试找一个"学习伙伴"，这样，你们能够互相鼓励和支持。

· 物理 ·

要想学好物理，在考试中取得理想的成绩，学习过程中应注意做好以下几点：

一、立足课堂，夯实基础。课堂是学习物理基础知识和基本技能的主阵地，只有把握课堂，抓牢"双基"，学习必要的方法，才会有拓展、提高的可能。

二、注重探究过程，学习研究方法。物理是一门实验科学，学习物理要注重科学探究的过程，对于每一个实验探究不仅要知道怎样做，而且要理解为什么要这样做，并能对探究过程和结果做出适当的评估；除了学习物理知识，还应学习相关的研究方法，如：转化法，控制变量法，对比法，理想实验推理法，归纳法，等效法，类比法，建立理想模型法等。

三、强化训练，提高知识的迁移应用能力。课外适当做一些补充练习是消化、巩固所学知识，拓展提高的一种较为有效的措施。在解题过程中注意培养、提高审题能力。

四、优化学习方法，提高学习效率。如遇到学习的难点、疑点，由于初三阶段的学习较为紧张，不能花很多的时间去慢慢"磨"，应做好标记，跟同学讨论，最好求得老师的解答，理解过程，掌握方法。

五、归纳概括、串前联后，形成综合能力。在平时的学习过程中，对所学的知识进行必要的归纳总结，并将新学的知识和前面的内容联系起来，注意它们的相同点与不同点，做到前后贯通。如学习功率的概念时可以对照已经学过的速度概念进行综合思考。

六、规范解答，注意细节。"规范"在考试中主要体现在简答题、作图题、计算题中。

·化学·

化学作为一门理科，与数学、物理既有相通之处，同时又有它独具的特性。因此，要学好化学，必须遵循它的规律，采用与之相适应的学习方法。

一、注重双基知识，突出重点。以课本为主线，认真吃透课本，全面掌握基础知识，不能留有明显的知识、技能缺陷和漏洞。

在强调"双基"的同时突出重点，其中化学用语是学好化学的基础，所以我们在学习时，一定要花力气通过记忆、强化训练等方法来熟练掌握好常见元素符号、化学式、化学方程式等化学用语，只有这样才能为继续学习化学知识打下良好的基础。

二、重视化学实验，培养兴趣。化学是一门以实验为基础的学科，是教师讲授化学知识的重要手段，也是学生获取知识的重要途径。上好实验课，是学好化学的关键。

首先，课堂上要认真观察老师所做的每个演示实验的操作和实验现象。

其次，要上好实验课。课前必须进行预习，明确实验目的、实验原理和操作步骤。进行实验时，自己要亲自动手做实验。

三、关注生活，理论联系实际。学习化学，不能只满足于课本上的知识，还必须注意优化理论和实际的结合，注重化学、技术、社会的相互联系，将化学理论与社会生活实际联系起来，让学生了解化学与日常生活的密切关系，用所学化学知识和技能解释一些化学现象或解决一些化学问题，从而感受化学的重要性，学会关注生活、关心社会。

· 生物 ·

一、掌握基本知识要点，"先记忆，后理解"。对于生物学来说，同学们要思考的对象是陌生的细胞、组织各种有机物和无机物以及它们之间奇特的逻辑关系。因此同学们只有在记住了这些名词、术语之后才有可能理解生物学的逻辑规律，即所谓"先记忆，后理解"。

二、弄清知识内在联系，"瞻前顾后"。在记住了基本的名词、术语和概念之后，同学们就要把主要精力放在学习生物学规律上来了。这时大家要着重理解生物体各种结构、群体之间的联系，也就是注意知识体系中纵向和横向两个方面的线索。

三、深刻理解重点知识，读书做到"六个W"。对于一些重点和难点知识，大家要深刻理解。大家读书时要时时思考"6个W"，这6个W分别是：Who（谁或什么结构）、What（发生了什么变化或有什么）、How（怎样发生的）、When（什么时间或什么顺序）、Where（在什么场所或结构中发生的）、Why（为什么会发生这样的变化）。大家在思考中经常将这6个W连起来思考肯定会有不小的收获。

除了上述三点以外，同学们还要坚持在学习中不断探索适合于自己的学习方法。我相信用辛勤的汗水和科学的方法一定可以换回优异的生物学习成绩！

·政治·

首先，认真听讲，跟着老师的思路走，这是学好任何一门学科的关键。认真听讲有助于对内容的深刻理解和消化。下课之后再复习一遍听讲的内容则可加深记忆，效果更佳。

其次，要积累知识，有联系地看问题。任何一道题都不是孤立的，我们要有联系观点，把前后的知识点联系起来，这样做题时才会更快更准。

然后，在理论的基础上要学会实践。我们在掌握知识点时，在理解的基础上要学会融会贯通，在实践中运用。否则，它只是一纸空文，对我们没有任何作用，要知道实践才是最终目的。

再次，要多做题。题的类型见多了，大体的思路摸透了，这样，在做一些大题时就不会出现无从下手的情况了。多做、多看可以提高答题速度，以便在考试时节省时间。

最后，多看有关的课外书。光学习课本上的知识是不够的，考试时总是出现一些"热门话题"，这就需要我们多看一些课外刊物，比如报纸、电视新闻等。同时，作为当代青年的我们，应多关注国际、国内的发展变化，多关心国家大事，培养我们的爱国情操。

·历史·

一、紧扣教学大纲。历史事件的发展是有其内在规律的，历史教材的编撰也是有其经纬逻辑的。要分析教材框架、理清历史事件脉络，通过对书本中一个又一个历史事件的学习和分析，看清教材中每一章节编撰的用意。

二、重视标题，按章逐节。历史学科讲究系统性和连贯性，要学会把课本中的知识纵向排列、横向比较，甚至逆向推导。这样能够比较容易地在整个历史长河中，找准该历史事件的位置作用、影响大小，从而有利于我们记忆和理解。

三、认真阅读，留心细节。课文中的遣词造句是经过千锤百炼的，我们要尊重历史，用与书本中相同尺度的语言来讲述历史事实，切忌随意发挥，画蛇添足。要想取得好成绩，还要注意课本中页脚注释、补充段落和照片下面的小字所述内容。要做到这一点，细是基础，懂是关键，活是技能，从而达到用的目的。

四、动手动脑，制作图表。把课本中的文字转变成一目了然的表格，使历史知识条理化、简单化、小专题化，可以很好地增强我们读题、解题、做题、答题的能力。

五、课堂以听记为主，课后以思考为要。课堂上教师讲课的内容，都是经过认真思考和准备的，重点、要点、难点分明，以听记为主。课后复习，思考自查，则要以思考为要，找出自身的弱点、虚点和盲点。要从追求有趣的故事情节提高到得出有用的历史经验。

· 地理 ·

一、地理学习的灵魂——地图的利用

1. 学会分类

地图包括日照图、统计图表、地形剖面图、地质图、地理景观图、地理原理示意图、地理漫画图、地理数据图、地理结构图、地理等值线图等。

2. 学会读图

（1）先读图的主题；

（2）看清图例；

（3）注意细节；

（4）联系实际。

3. 学会变图

（1）图图转换（剖面图转换为平面图）；

（2）图文转换。

4. 学会用图

（1）用图归纳总结地理规律或特点；

（2）用图记忆。

二、地理学习的支柱——教材的理解

1. 依纲据本，掌握地理原理、规律。

（1）先将书读厚：在书上做读书笔记，加上自己的理解或找出自己的疑点。

（2）再将书读薄：将知识整理归纳形成主干，构建自己的"思维导图"。思维导图是指用图示的方法来表达人们头脑中的概念、思想和理论等，是把隐性的知识显性化、可视化，便于思考、交流与表达。它是由节点、连线组成的知识网络图，其中节点表示概念，连线表示概念之间

的联系，用节点和连线组成的网络知识结构表示某一个主题及其层次。

2. 利用课本，学会举一反三。

做到举一反三，寻找同类地理事物的一般特点和规律。在复习中要跳出教材的局限，适当拓宽知识面，在思考问题时，有一定的铺垫，能触类旁通，思路灵活。

3. 利用课本总结和归纳，掌握地理学习的规律。

4. 巧妙记忆地理知识。

（1）谐音记忆法

例：地壳中含量最丰富的自然元素：氧、硅、铝、铁、钙、钠、钾、镁（养闺女，贴给哪家美？）

（2）口诀记忆法

例：我国省级行政区的名称：两湖两广两河山，五江云贵福吉安；川西二宁青甘陕，内重台海北上天，港澳特别行政区，"一国两制"已实现。

图书在版编目（CIP）数据

超级学习力：成为有价值的知识变现者 / 生墨编著
. -- 长春：吉林文史出版社，2019.3（2025.5 重印）
ISBN 978-7-5472-5981-8

Ⅰ.①超… Ⅱ.①生… Ⅲ.①学习方法—研究 Ⅳ.
① G791

中国版本图书馆 CIP 数据核字 (2019) 第 036123 号

超级学习力：成为有价值的知识变现者

CHAOJI XUEXILI : CHENGWEI YOUJIAZHI DE ZHISHI BIANXIANZHE

书　　名：超级学习力：成为有价值的知识变现者
编　　著：生　墨
责任编辑：程　明
封面设计：冬　凡
文字编辑：李　波
美术编辑：牛　坤
出版发行：吉林文史出版社
电　　话：0431-81629369
地　　址：长春市福祉大路 5788 号
邮　　编：130118
网　　址：www.jlws.com.cn
印　　刷：德富泰（唐山）印务有限公司
开　　本：145mm×210mm　1/32
印　　张：8 印张
字　　数：176 千字
印　　次：2019 年 3 月第 1 版　2025 年 5 月第 9 次印刷
书　　号：ISBN 978-7-5472-5981-8
定　　价：36.00 元